楊定一書房

全部生命系列

新的睡眠科學與醫學
A New Science and Medicine of Sleep

好睡

楊定一 /著　　陳夢怡 /編

馬奕安 Jan Martel /文獻協力

目 錄 ｜ C O N T E N T S

序

　　睡眠，可能是人類一生最容易被忽視的一部分。

　　我們每個人，從出生時幾乎 24 小時都在睡覺，一直到臨終，可能讓睡眠佔用一天的 4 分之 1、3 分之 1、甚至更多的時間。然而，很可惜的是，我們會重視睡眠，通常只是因為睡不著——失眠。

　　失眠，是每一個人早晚會有的困擾。我到今天，還沒有遇到任何一個人一生沒有失眠過。畢竟，每個人遲早都會遭遇一些生命的轉變，要面對一些事情、壓力或挑戰，為此焦慮和煩惱。這些狀況，都難免讓我們至少有一段時間不太好睡，有時失眠，甚至是嚴重而長期的失眠。

　　失眠在現代的社會愈來愈普遍，或許就是我們生命的步調比較快——每個人都在一心多用，同一個時間要做好幾件事，還要不斷地抓多層面的資訊。人類有史以來，可以說從

來沒有過這麼快的步調，隨時讓每個人都覺得跟不上、不安、煩躁。

失眠，最多也只是反映這種快步調。

我認為最遺憾的是，嚴重失眠的族群，有年輕化的趨勢。身心失衡，衍生長期的失眠。長期的失眠，又擴大身心的失衡，自然導致身心各式各樣的錯亂，而在肉體或心理的層面擴大成種種慢性的疾病。

這些，都是我們可以觀察到的普遍現象，甚至我們自己已經親身體會到。

我寫這本書，當然是希望帶來一些實用的建議，但願你我在失眠的問題上，都有一個解答。

其實，針對失眠的問題，我很早就有一套做法，而且透過多年的驗證，得到相當好的結果。後來，我在台北市成立「身心靈轉化中心」，也不斷證實這些方法的有效性。

透過這個中心，我接觸到許多朋友。其中，失眠確實是最普遍的問題之一。而且很明顯地，從失眠衍生出各式各樣的困擾，例如躁鬱和其他的退化。然而，基於過去累積的良好經驗，我相當有把握，可以為這方面的問題帶來一些幫助。

很有意思的是，我所帶來的方法，多半會被西醫歸納成「非傳統」——不是依賴藥物來達到效果。但是，從我的角度，這些其實才是最傳統的方法，都是古人留下來的寶藏。在現代的西醫之前就存在，有效性經過千百年的驗證，而且是不斷重複的驗證，才會流傳到今天。

透過我個人的觀察和實務經驗，這些方法，只要願意執行，可以很輕鬆地做為西醫療程的輔助，而會讓既有的治療更有效。

考慮到睡眠這個主題的重要性，我這次要分成兩本書來進行。第一本，也就是《好睡》這本書，反映我多年來對睡眠的身心層面的理解。我想，是從十幾歲開始，我就對睡眠這個主題相當感興趣，不斷地想從各種領域做一個全面的整合。後來，我見到數不完的朋友有睡眠的障礙，也當然會想幫助他們跨過這個障礙。於是，睡眠這個主題，自然成為一個專業上的追求。我心裡相當明白，只要把缺乏睡眠的問題修正過來，很多生理的問題其實也跟著解決了。

我在《好睡》這本書，還是會分享我對睡眠的醫學與科學層面的理解。同時，我也希望將我個人的經驗整理出來，做為一本非常務實的「好睡手冊」。我相信，只要去應用，

任何人都會很快獲得好處。

第二本書《清醒地睡》，則將睡眠延伸到另一個層面，也就是「全部生命系列」所探討的意識層面。

我很早就知道，睡眠含著一把解開人生的鑰匙。然而，身為一個科學家，我認為更應該先拿自己來測試，驗證睡眠和意識轉變有沒有直接的關係，可不可能當做一個人生解脫最寶貴的工具。也很自然地，透過睡眠，我拿我個人做了幾十年的實驗。

從更廣的角度來看，《清醒地睡》所談的意識層面，可能比《好睡》所談的健康或身心層面還更重要。我於是將它獨立出來，用一整本書來闡述。希望透過這兩個作品，可以在睡眠這個主題上，帶來一個身心靈全面的觀點。

《好睡》與《清醒地睡》這一套「睡眠書組合」，整體來看，和《不合理的快樂》在架構上有相通之處。畢竟，睡眠和快樂一樣，是個相當廣泛的主題。不只是可以從意識層面著手，也已經累積了相當多科學面的資料，而有必要做全面的資料蒐集與整合。我請兩位同事馬奕安博士和陳夢怡共同參與這個作品，承擔起這本書共同作者的工作。

馬奕安博士（Dr. Jan Martel）是一位很優秀的生化博

士，原本在加拿大魁北克法語區的 Université de Sherbrooke 就讀。十幾年前，他透過 email 跟我聯繫，希望能跟我一起做研究。當時，我已經老早從實驗室的工作退休，不再指導學生。但是，他年輕人獨有的誠懇與熱情，讓我居然同意回到研究的領域，指導他進行奈米粒子的研究。十幾年來，馬奕安從一位研究新手，成為老練而成果豐碩的科學家，無論在奈米醫學、免疫、微生物、中草藥領域都得到了國際性的地位。一路看著他成長、茁壯，我既為他高興，又為他感到光榮。

我在台灣談睡眠這個主題，到現在也已經十幾年了。近七年，我開始請馬奕安幫我整理相關的素材和演講的投影片。他在這個主題的科學和醫學層面，已經是相當熟悉。就像我們之前合作《不合理的快樂》，馬奕安也用了兩年認真蒐集資料，投入文獻，反覆梳理各個方面的論文和書籍。然而，《好睡》的取向，和《不合理的快樂》略有不同。這一次，透過他整理出來的完整資料，我體會到，科學的資訊再多，並不是我在《好睡》所想表達的重點。儘管科學的發展很快，隨時都有新的發現，但是，坦白講，這些知識，對一個失眠的人，是沒有幫助的。這就是知識的局限。站在這樣

的基礎上，我會用我的方式把睡眠的主題打開。

讀者可能已經注意到，我另外請馬奕安親手繪製了《好睡》的許多插圖。我相信每個人都可以從這些線條簡單的插圖，體會到他純樸的性格。此外，有些圖上，還帶著馬奕安的中文手寫字跡。大概不會有人相信，馬奕安來台灣十幾年，其實沒有上過任何一堂正式的中文課。他對中文每個字、每個筆畫的理解，都是自己在實驗和研究之餘一點一滴琢磨出來的。這種驚人的學習毅力，也是我覺得最不可思議的。

陳夢怡，跟我合作已經相當長一段時間。或許讀者不知道，她從《真原醫》還是零零星星的小冊子開始，就已經在為我翻譯。當時，這些小冊子完全只是給週邊朋友的手記，可以成為暢銷書，相信跟夢怡的翻譯和文學能力脫不了關係。接下來，她又翻譯了《靜坐》。到「全部生命系列」開始時，我是在很深的寧靜中口述，她不光是快速記下口述的內容，還同時幫我做整理，彌補我中文表達的不足。

現在回想，她過去在台大追求各式各樣的領域，光是從大學部到研究所，就從哲學轉到植物學和動物學領域。後來，又去讀了心理治療。從這個過程，可以看出她不光是有

一定的知識基礎，而且興趣是開放而廣泛的，不會落在一個小角落鑽研。我相信，這些背景剛好是寫作「全部生命系列」最適當的搭配。讓我能在很短的時間內帶出一個又一個「全部生命系列」的作品，而有機會在這一生，將這一個領域很快地告一個段落。

可以這麼說，要完成這本《好睡》，一個人都少不了。沒有他們兩位的投入，我根本不會想提筆，更不可能把它完成。雖然如此，為了文章的順暢和表達上的直接，我還是採用第一人稱來述說。相信這麼安排，讀者會感覺到比較親切，也容易閱讀。

最後，還是要提醒，對於睡眠這個主題，想要搜羅傳統論點和最新科學研究的朋友，自然可以找到許多最新的著作去鑽研。畢竟我寫這本書的用意，並不是要進入最完整的睡眠科學，也不是在表達最先進的科學進展，最多是反映我個人對睡眠的理解和看法，包括實務上的問題解決方法。

這一點，相信與傳統的睡眠書籍會完全不同。

同時，我也希望你帶著輕鬆的心情來閱讀《好睡》。在這本書，我還是會用科學和學術的語言，來建立一個完整的基礎。當然，我會用我自己的方法將它簡化，儘量以輕鬆的

口吻來表達。只是，萬一有時候還是不夠輕鬆明白，也希望你能諒解。其實沒有哪個研究有絕對的重要性，也不可能幫我們解開失眠的問題。如果看不懂，不妨先擱著。改天換個心情再讀，或許也就理解了。

　　重要的，是這本書所帶出來的練習功課，這才是我真正想表達的。希望你能認真而有耐性地去練習，才能將這些話從理論的層面落入生活，與自己的生命真正結合。

一、睡眠有多重要？

我們一般人都不曉得，現代人的生活習慣，很難稱得上正常或均衡。前面也提過，我們的五官隨時都受到過度的刺激。我們要明白——再怎麼去追求資訊，還是需要適時踩剎車。倒不是不斷地認為五官要受到愈多刺激才好，甚至還認為沒有刺激就是無聊。

仔細觀察，現代的社會，不光是人和人的互動加快，就連從電視、廣播、各種媒體加上網路來的資訊，都太多太快了，而且只會愈來愈快。這種速度，不光讓我們跟不上，還帶來一種負面的情緒刺激，可能讓我們進一步反彈。

就連到了晚上，我們還是不肯消停。還要拿這沒剩多少的休息時間，用各種資訊刺激頭腦，也難怪睡眠不會安穩。我們很難想像自己可以把一切擺到旁邊，交給睡眠。

是我們自己把入睡的門檻提得太高，而沒有給身體一點緩衝的時間去恢復。這一點，是我們在追求好睡之前，應該先了解的。

01
睡眠真的重要嗎？

　　這個問題，表面看來很簡單。但是，要正確回答，其實要從幾個層面去探討。

　　首先，最直接的回答，是從生理的層面，也就是——沒有睡眠，會有怎樣的影響？

　　這種從否定著手的提問方式，是絕大多數科學家和醫師最喜歡的策略，也是最容易切入的。

　　過去幾十年來，分子生物和生物化學的進展，很大一部分是建立在——把一個基因剔除，看看生物體沒有了這個基因的作用，是不是有什麼後果。接下來，也就把觀察到的後果，當做這個基因的功能。我個人年輕的時候也喜歡用這種取向，而在免疫領域得到了相當大的突破。

　　確實，從這種角度，可以發現很多有趣的現象。

　　如果我沒記錯，約莫 1980 年代晚期，美國芝加哥大學

的科學家瑞赫夏芬（Allan Rechtschaffen）就開始用實驗室的動物做了一些睡眠剝奪的實驗，看看睡眠不足，對生物會有什麼後果。

　　這類實驗後來衍生出相當多的變化，我在這裡只舉出一種比較單純的方法。不過，我要先跟你打個招呼，如果你剛好沒睡飽，讀到這些實驗步驟，可能會對睡眠不足的痛苦，更加感同身受。

　　實驗是這麼做的：研究人員把花盆倒過來，浮在水上。露出來的花盆底部，大概只比水面高出一公分，而寬度比老鼠的身體還短一些。我們可以想像，老鼠只要一個不小心，就可能會落到裝滿水的大水槽裡。

　　然而，老鼠只要適應了，也就可以小心地守住這個小平台，不會掉下去，甚至還可以進入一點睡眠。但是，進入「快速動眼期」的睡眠，就不一樣了。這個

睡眠階段的一個特色是，全身肌肉特別放鬆。一放鬆，老鼠就落到水裡。水一淹到鼻子，無法呼吸，牠也就醒過來了。

在這類實驗受折騰的小動物，不只是老鼠，還有狗、貓和兔子等等。如果是狗，看到狗想睡了，就帶出去遛一遛。如果是其他籠子裡的小動物，就在牠快睡著時拍兩下、逗弄尾巴和鬍鬚、往籠子裡扔東西、搖晃籠子、挪動牠的窩，讓牠不能睡。或者讓籠子前後晃動，動物為了平衡，只好不斷地走來走去，當然也就睡不成了。

為了「人道」一點，有些實驗會在大水槽裡多放幾個花盆，或者多放幾隻動物，讓動物感覺壓力小一點。當然，你也會想到，這樣可以減少「壓力」這個因素對於實驗結果的干擾。

這麼下來，最多大概兩、三個星期，這些被迫保持清醒的老鼠，皮膚開始出現傷口，而這些傷口很難癒合。同時，牠們也出現各種壓力反應，包括體溫調控失靈、免疫異常，最後步向死亡。無論動物大小，結果都是一樣的。

到了講究分子和基因的年代，也有科學家透過隨機突變的方式，製造出各式各樣的老鼠甚至果蠅，而從中篩選出總是想睡的或是幾乎沒有快速動眼睡眠的品種[1]。想透過這些

動物去了解──睡太多或是不能做夢，究竟有什麼影響。

　　讀到這裡，你可能已經開始同情這些小動物，為了滿足
人類對睡眠的好奇，要承受這些莫名其妙的待遇。你也可能
會覺得科學家真是殘忍。但是，類似的事，我們三位作者都
做過。其實，早晚有一天都會後悔。但在當時，好像認為為
了推動科學的進展，就算矇著頭，也要去做這種實驗。

　　至於人類，如果被徹底剝奪睡眠，還活得下去嗎？從現
代的科學倫理來說，這種實驗是不能進行的。然而，有一種
很罕見的先天疾病「致死性家族失眠症」（fatal familial
insomnia）可以讓我們知道人完全不能睡的後果。

　　這種遺傳疾病，多半要到中年才會發作。一個人本來好
好的，突然再也無法入睡，原因是腦部的 prion 蛋白質出現
了一個突變。這種基因的突變，估計全世界只有 40 個家族
有，到目前為止，也只記錄了大概一百個病例。雖然說是遺
傳疾病，然而我們也不能排除正常基因自己突變的可能。真
要說下去，每個人都可能出現這個疾病的。

　　第一個「致死性家族失眠症」的病例，出現在 1765

1　Funato, Hiromasa, *et al.* "Forward-genetics analysis of sleep in randomly mutagenized mice." *Nature* 539.7629 (2016): 378.

年。義大利威尼斯的一位男士，突然之間再也睡不著。一開始，也就是我們都可以想像的失眠。連續失眠幾個星期，患者開始神志不清、出現錯覺和妄想、恐慌和各種恐懼症發作，甚至失智。一般的情況下，發病後，可能幾個月內就會死亡。

當然，這種疾病是極端的情況。那麼，我們一般人又是如何呢？

你可能還記得我在《不合理的快樂》提過一種長期的縱貫研究——守住一個可以清楚衡量的因素，找一群人進行長時間的追蹤觀察，就可以用統計方法去分析哪些疾病和這個因素有關。對從事醫學研究的人而言，這些相關性非但對臨床治療是重要的線索，也是提升個人影響力的機會。一般人大概不知道，醫學研究的樣本數愈大，就可以發表在更好的期刊，以後才有機會得到更多的注意和支持。

透過各種大小規模的縱貫研究，科學家發現了不少我們每個人都知道的常識：一般人如果睡不夠，當然會累。各種相關性的研究也發現，幾乎每個部位的慢性病，都和睡眠不足有關。睡不夠的人，不只是容易有心血管循環和代謝異常的疾病，像是心臟病、中風、糖尿病、肥胖，精神層面也容

易受影響。舉例來說，憂鬱症、失智、阿茲海默症，多少都被認為跟睡眠不足有關。

從這些研究結果，科學家自然會得出這樣的結論：睡眠不足，不光會減損生活品質，長期下來，難免會縮短壽命。

這些研究，是去探討睡眠不足所導致的致命或異常，也有相當多研究去探討睡眠所影響的「正常」。舉例來說，科學家也會去探討睡眠和學習、記憶、創意、心情、快樂之間的關連。

這些研究，最多也只是在表達──睡眠，甚至比吃飯還更重要。

我過去在《真原醫》常引用一句名言，大家都認為是西方醫學之父希波克拉底所說的「讓食物成為良藥」（Let food be thy medicine and medicine be thy food.）。在這裡，我要強調的是──讓睡眠，成為良藥。睡眠，本身就是你我最好的療癒。

睡眠的重要性和恢復力，其實倒不需要科學研究才能讓我們明白，而是每個人自己都體驗過的。任何人只要一個晚上沒睡好，都會感到不對勁，容易煩躁，坐立難安。如果能很快地補眠，這些不爽快也就自然消失。

但是，科學最可愛的地方，也就是要把這些我們認為再明白不過的常識，都透過妥當的實驗設計來檢驗，還要發表一篇又一篇的論文，來證明我們本來就知道，再明白不過的事實。

當然，在睡眠的領域，也有些發現，並不是那麼直接了當。舉例來說，我們真的需要睡足 8 小時嗎？是不是需要一次連續睡上多長時間，才算正常？假如需要那麼多睡眠，那麼，睡愈多，是不是對慢性病、健康、壽命都有好的影響？我們需不需要用藥物來幫助入睡？

所有這些問題的答案，都是──不一定。

這一點，我在這本書會特別點出來。在睡眠的世界，有些事實，跟我們一般的想法其實並不吻合，甚至是完全顛倒的。相信你讀下去，也會覺得相當有意思。

另外，我還是要做一個提醒，前面提到睡眠剝奪的作用，包括死亡率，是每本認真探討睡眠的書都會談到的。但是，我希望你不要過度放大它的重要性，而給自己帶來不必要的恐懼。

仔細想想，假如我們一生 3 分之 1 的時間都在睡覺，那麼，睡眠不可能沒有重要性。把睡眠完全取消，也只可能產

生負面的影響。然而，不光睡眠，喝水、吃飯、排泄……任何基本的生理功能，也只是如此。這些實例最多只是反映了極端的情況，而我們其實不需要賦予過多的代表性。

反過來，透過《好睡》這本書，我想要表達的是——我們一般人所認為的失眠，其實從我的角度，是個正常而必須的變化和經過。是我們每個人早晚都會有的。相對地，我們可以採用更輕鬆的角度來看待。

這種對失眠的不同看法，我認為是相當重要。假如希望徹底改善失眠，我們必須從這本書的一開始，也就是現在，就將這種看法建立起來。

有用的幾個重點：

✓ 現代生理科學最可愛的一種觀點是，假如動物都需要睡眠，我們當然也需要好好睡。你認為呢？

✓ 長期睡眠不足，確實對健康和身心都有負面影響，不光影響生理運作，還容易讓人心情不好。

✓ 用正確的角度來看待，睡眠，可以是很好的療癒。

✓ 然而，無論是失眠還是睡眠，都是每個人早晚會經歷到的變化。我們不至於非把失眠當做唯一重要的問題不可，而帶給自己不必要的壓力。

02
要睡多少才夠？

　　前一章提到幾個和睡眠有關的問題，我認為相當重要，值得好好探討。像是，我們真的需要睡足 8 小時嗎？睡愈多，是不是對慢性病、健康、壽命都有好的影響？需不需要用藥物來幫助入睡？

　　我們的第一個迷思是：人一定要睡 8 個小時以上才可以健康，甚至長壽。

　　很早就有科學家發現，這種說法並不符合事實。

　　早在 1959～1960 年間，美國癌症學會的一項癌症預防普查就發現，睡不到 4 小時的人，比起睡 7～8 小時的人，在 6 年內離開人間的機率是 2.8 倍[1]。這一點，只是再次確認了前一章從動物實驗以及人類致死性家族失眠症所得到的結

---

[1] Kripke, Daniel F., *et al.* "Short and long sleep and sleeping pills: is increased mortality associated?." *Archives of General Psychiatry* 36.1 (1979): 103-116.

論——一個人睡不飽，長期下來，對身體一定有傷害。然
而，你想不到的是，同一個研究也指出來，如果再多睡一
點，睡超過 10 個小時，一樣地，在 6 年內過世的機率是 1.8
倍。

我們一般會認為，難道不是睡得愈多愈好嗎？然而，從
這個研究的結果來看，睡眠，並不絕對是愈多愈好。

後來，1965 年開始，柏克萊大學的人口研究室（Human
Population Laboratory）對加州阿拉米達郡（Alameda）近
7,000 名居民做了一項長期追蹤的研究，也得到了類似的結
果。他們觀察到，比起睡超過 10 小時的人，睡 7 ～ 8 個小
時的人，健康狀況通常比較好[1]。接下來，人口研究室再請
這個小鎮的居民自己記錄通常睡多少小時、有無睡眠問題、
年齡、性別、健康狀況。再繼續追蹤 9 年，進一步蒐集與死
亡相關的數據，包括死因和死亡率[2]。

這類預先規劃的長期追蹤研究，最出名的也就是我在
《不合理的快樂》提過的弗雷明翰研究（Framingham

---

[1] Belloc, Nedra B., and Lester Breslow. "Relationship of physical health status and health
practices." *Preventive Medicine* 1.3 (1972): 409-421.

[2] Wingard, Deborah L., and Lisa F. Berkman. "Mortality risk associated with sleeping
patterns among adults." *Sleep* 6.2 (1983): 102-107.

study），針對一個小鎮的居民觀察各種因素和心血管疾病的關係，時間長達幾十年。甚至到現在，最初受試者的第二、三代還在參與這個研究。

這種大規模的社區性研究，除了蒐集數據的時間更長，還可以探究醫院門診蒐集不到的社會關係和健康的相關，並且順便深入挖掘各種趨勢或疾病的基本資料。無論這些資料相關或不相關，只要蒐集得夠多夠久，總有些趨勢會浮現。

長期的死亡率就是一個例子。儘管研究人員不會開口跟這些居民說：「我想邀請你參加這個研究，看你還有多久會死？」但是，只要追蹤夠久，存活率、死亡率、壽命這些數據，也就自然浮出來了。不過，觀察和記錄的時間是愈久愈好。畢竟現代人都相當長壽，如果追蹤的時間不夠久，根本無法區分不同組死亡率的差異。

當然，這種研究本身其實隱含著另一個問題——有些現象雖然同時出現，在統計上看起來也有相關，但是，我們不見得能說是這個現象導致那個現象。這是我們在解釋這些研究的結論時，要特別小心的。

談到這裡，你可能想問，為什麼要特別調查這個小

鎮？是不是阿拉米達這個小鎮的居民特別健康？還是有什麼特別的疾病？

以現代社會的高流動性來說，阿拉米達是相當穩定的一個群體。這種要追蹤 9 年以上的研究，一般都難免遇到搬家、外出工作等原因而從此失聯的困難。然而，這個研究因為失去聯繫而缺漏資料的比例，只有 3%。這種穩定，對於一個長期追蹤的研究，是相當重要的條件。此外，方便或許也是一個原因。如果我們打開地圖，看看這個小鎮的位置，會發現它離舊金山醫學院、史丹佛、柏克萊各個大學都不遠。而這個研究，是由柏克萊大學的人口研究室所進行的。

後來到了 1983 年，科學家才提出分析，探討性別、睡眠時間和死亡率的關係。我在這裡特別做成圖表，讓你可以看得更清楚。

就像右頁這張圖所顯示的，無論男女，睡眠時間在 7 ～ 8 小時的組，9 年累積死亡率是最低。然而，如果睡不到 6 小時，死亡率就提高了。

舉例來說，睡眠時間在 7 ～ 8 小時的男性，9 年的累積死亡率是 8.2%，但睡眠不足 6 小時的死亡率則接近 14.8%。睡眠時間在 7 ～ 8 小時的女性，9 年死亡率是 5.6%，而睡不

夠 6 小時的女性，死亡率可以達到 9.0%。

　　當然，這樣的結果，還符合我們一般的預期——睡得不夠，也就不健康，甚至可能影響壽命。但是，出乎意料的是，無論男女，睡眠超過 9 小時的組，反而死亡率還比睡 7 ～ 8 小時的更高。

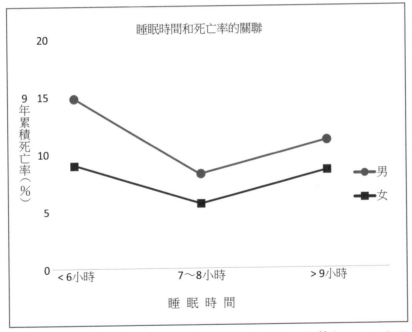

經牛津大學出版社（Oxford University Press）許可，重製自 Wingard DL *et al.* (1983) Mortality risk associated with sleeping patterns among adults. *Sleep* 6: 102-7.

　　我過去注意到，一般談睡眠的專業書籍，都喜歡拿類似的數據來佐證睡眠的重要性，而進一步強調一個人要睡得剛剛好，不能太多，也不能太少。然而，我一直不斷提醒，生命（包括壽命）本身是個多變數的現象，不可能將整體濃縮到一個單一的層面或因素，甚至還想用這單一的因素來衡量壽命。

　　仔細觀察，我們的生命也是多層面的。我才會透過《真原醫》強調，不光我們有一個身心的多層面，就連在身體也還有化學、結構、生理、代謝……的層面，倒不是單一個層面就可以解釋全部。

　　而且，睡眠時間本身也並不是一個單一的因素，而是綜合了工作時間、生活習慣、個人的健康或疾病的結果。比如說睡不到 5 小時的人，可能有過度緊張的性格，也可能是有不良的生活習慣，例如喝太多咖啡、抽太多菸或使用其他刺激性的物質。睡得太多的人，也可能反映了身體其他的狀況。這一切，都可能。

　　我也發現，這類大規模的普查所得到的結論，往往有很大的解釋空間。甚至，針對同一個主題，可能有不同的結果。我在《不合理的快樂》提過一個例子：有一篇 2016 年

在英國出名的醫學期刊《刺胳針》（*The Lancet*）發表的研究，認為快不快樂和死亡率無關。這個結論，不光是和其他研究都不同，和事實也是顛倒的。

談這些，也只是要提醒我們自己，如果只看單一因素，所得到的任何結論，都可能失之武斷，甚至可能誤導。

講到這裡，我再舉一個實例。

對醫學研究稍有認識的朋友，都知道《新英格蘭醫學期刊》（*The New England Journal of Medicine*）。這是由麻省醫學會所主持的專業期刊，而這個學會的主要人物都是哈佛醫學院的菁英。

1981 年，《新英格蘭醫學期刊》登出了一個研究，哈佛公共衛生學院流行病學系的專家認為喝咖啡會引發胰臟的腫瘤[1]。這個結論，是相當驚人。大家都說原物料市場有兩種「黑金」（black gold），一是原油，另一個就是美國人日常生活不可或缺的咖啡。這個研究在 1981 年 3 月刊出，經過媒體不斷擴大和辯論，到 1981 年 6 月，咖啡豆的價格跌到谷底。真沒想到，一份醫學論文竟然可能造出那麼大的心理衝

---

[1] MacMahon, Brian, *et al.* "Coffee and cancer of the pancreas." *New England Journal of Medicine* 304.11 (1981): 630-633.

擊。

我記得當時我的第一個反應是——憑著這點證據，斷定喝咖啡和胰臟腫瘤的關係，可能太牽強了。那時候，我還和紐約洛克菲勒大學的許多同學和同事爭辯起來。我的同學和同事們當然會覺得，那麼出名又有影響力的期刊，不可能輕易讓一個錯誤的研究發表。然而，1982 年 4 月，《新英格蘭醫學期刊》又刊出了一封通訊，指出喝咖啡和胰臟腫瘤之間沒有相關[1]。

你可能不會相信，這個主題，隔了三十多年，還有人不斷地重複。有些統計甚至提出相反的結論，認為喝咖啡愈多，罹患胰臟腫瘤的機率反而愈低。

後來，大家也更小心。特別是對於人體這種複雜系統的研究，要如何看待單一因素的影響力，更是應該格外謹慎。這類爭議也刺激了統計專家，不斷去完善後設分析（綜合分析）的方法。

回到睡眠和壽命，是不是真的睡 7 ～ 8 個小時最好？後來也有研究再繼續深入下去。比如說，2011 年，加州大學

---

[1] Goldstein, H. R. "No association found between coffee and cancer of the pancreas." *New England Journal of Medicine* 306.16 (1982): 997.

聖地牙哥分校的科學家在《睡眠醫學》(*Sleep Medicine*) 發表了另一個研究。他們請幾百位平均年齡接近 70 歲的女士配合參與，採用的不是每個人自己記錄的睡眠時間，而是用「動腕計」(actigraphy) 做一個比較客觀的睡眠評估。再繼續追蹤她們接下來的健康狀況，時間長達 14 年。

動腕計是一種像手錶的簡單設備，通常是配戴在手腕上，記錄手腕的動靜。畢竟人如果睡著了，手腕幾乎不會有什麼動作。結果發現，睡不到 5 個小時的人，累積存活率是最低的 61%，而睡超過 6.5 個小時的人累積存活率是 78%，睡眠時間在 6 ～ 6.5 小時的人，最後還有 90% 活著[1]。

做出來的結果，因為採用動腕計的數據，在睡眠時間的評估上，比前面阿拉米達普查所得到的時間短。假如不去仔細探究方法的不同，我們也會自然以為睡 6 ～ 6.5 小時是最理想的，而不是過去研究得出的 7 ～ 8 小時。

然而，無論是應該睡 6 ～ 6.5 小時，還是應該睡 7 ～ 8 小時，從我的角度來看，都沒有任何代表性。最多，我們只能總結，大多數的研究都會發現，睡不飽，長期會傷害身

---

[1] Kripke, Daniel F., *et al*. "Mortality related to actigraphic long and short sleep." *Sleep Medicine* 12.1 (2011): 28-33.

體。但是，什麼是睡飽、睡不飽，這個範圍是相當大的。對睡眠的需求，是人人不同。

我會提這些，不是要潑這些研究的冷水，畢竟這些研究本身的效度都經過檢驗。最多，只是想提醒，這些數據都只能做個參考，畢竟每個人的情況都不一樣，倒沒有一個統一的標準可以談的。

有用的幾個重點：

✓ 不一定要睡滿 8 小時，睡得多，也不見得完全是好事。

✓ 長期觀察發現，睡太少的人，死亡率高；而睡得太多，死亡率也會上升。但是，別忘了，我們不能因為兩個現象剛好一起出現，就認為它們有絕對的關係。睡眠也是一樣，即使和壽命真的有關連，也只是很多可能中的一個。我們不可能只用睡眠來解釋一個人的壽命。

✓ 生命，是多種層面的組合。生命的現象，包括我們健不健康、快不快樂，也不能只拿一個原因來解釋。這個原則，是我們進一步體會睡眠之前，要記住的。

【練習】
對失眠的觀念做一個徹底的轉變

從這一章開始，我希望進入實務的層面，也就是這本書所稱的「練習」。你會發現，有些練習是透過身體的「動」去調整，有些則是在念頭或觀念的層面做一個徹底的反轉。

在我過去的經驗中，失眠是一個全面的現象。如果我們全心投入，用整個身心來面對，甚至是經歷一個重新的整頓或轉變，失眠也就跟著消失了，而且是輕輕鬆鬆，自然解開。

我個人認為這才是這本書的貢獻。真正重要的，倒不是引用多少文獻或專家的看法。一不小心，這些數據和資訊反而給失眠的朋友造成負擔。甚至，就連本來睡得好好的朋友，也可能覺得不安心。

然而，為了整合睡眠的主觀和客觀層面，帶來真正全面的解答，我還是會從科學和醫學的基礎出發，一步步打開失眠這個主題。

在這裡，我想提出第一個練習，讓我們一起來進行，也

就是一種觀念上的轉變——沒有一樣事情，有絕對的重要性。

沒有一句話、一件事、一個觀念、一個理念、一個結論、一個判斷⋯⋯有絕對的重要性。

這幾句話，已經包括「全部生命系列」所有想表達的重點。

面對失眠，也只是如此。

從我個人的看法，失眠最多只是一種生理轉變，是我們每個人早晚都要面對的。假如把它當作重大的問題，它就自然是一個大問題。把它看淡，問題也就淡化了，甚至消失。

這個人間，沒有任何事有絕對的價值或意義。一切，最多只是個現象。而任何現象，都離不開我們每個人的頭腦。包括好睡，包括失眠，也都是頭腦投射出來的。

假如我們可以接受這一點，自然會發現失眠的問題並不像我們想的那麼可怕或嚴重。接下來，也沒有什麼非要做不可的。甚至，我們這一生所遇到的——無論表面上多麼嚴重，多麼殘忍，多刺激，多有挑戰性，帶來多大的考驗——沒有一件事，會有絕對的重要性。

不把任何問題（包括任何「重大」的危機）當成過不了

的檻，它也就自己消失了。即使什麼都不做，它早晚也會自然消失。但是，如果我們將心思不斷集中在上面，去想，去煩惱，就像往火上澆油，不但會延續這個情況，還可能讓問題擴大、惡化。

假如你能接受這幾句話，其實你的失眠問題已經解決了一半。不只如此，就連人生的各種問題也解決了一大半。對你，這第一個練習也是最重要的。

這幾句話——沒有一樣事情，有絕對的重要性。沒有一句話、一件事、一個觀念、一個理念、一個結論、一個判斷……有絕對的重要性——希望你能放在心裡，重複再重複。一早起床就讀出來，用心去體會。整天，隨時拿來提醒自己，像咒語一樣。即使夜裡失眠，也拿來不斷提醒自己。

提醒什麼？提醒自己——失眠本身也沒有什麼絕對的重要性。

失眠，要來，就讓它來吧。

我現在沒辦法睡，一樣地，也沒有什麼事。我也可以接受它。而我可以無條件地接受它。

再怎麼失眠，最多也只是失眠。

所以，又怎樣呢？

用這種方法，看可不可以調心。

試試看，就這麼簡單，你已經踏出第一步。

這第一步，不只是化解失眠的問題，更是這一生種種困境的解答。這本身，比失眠不失眠遠遠更重要。

最後，透過失眠這個題目，我不光是希望，而且是相當有把握能將你我失眠的問題做一個調整，而把你我真正的自己、真正的身分找回來。

這，其實才是我寫《好睡》、《清醒地睡》這兩本書的用心。

03
每個人從小到大都要睡得一樣久嗎？

　　回到睡眠的主題，我通常會參考美國「國家睡眠基金會」（National Sleep Foundation）的睡眠健康推廣資料。它提出的準則比較中肯，除了會指出每個人的睡眠需求確實不同，也會建議一個睡眠時間的大致範圍，讓一般人有一個可以參考的基準。

　　我們本來也就知道，年紀愈大，睡眠需要愈少。美國國家睡眠基金會整理出一份相當有趣的數據[1]，依照年齡，來看你我睡眠的需求。

　　比如說，剛出生的小嬰兒，可能大多數時間在睡覺，醒醒睡睡可以睡上 14 ～ 17 個小時。3 個月後，大概要睡上 12 ～ 15 小時。一直到 13 歲前，都還需要睡滿 9 ～ 11 個小時。

1　Hirshkowitz, Max, *et al.* "National Sleep Foundation's sleep time duration recommendations: methodology and results summary." *Sleep Health* 1.1 (2015): 40-43.

青春期的孩子也還需要 8 ～ 10 小時的睡眠。

相信我們都還記得，小時候，是永遠睡不夠的。而且，也叫不醒。

不過，隨著身體成熟，一個人需要的睡眠量會逐步減少。等到 18 歲以上，自然減到 7 ～ 9 小時。超過 65 歲，一天的睡眠需要量是 7 ～ 8 個小時。甚至，我們都認識很多老人家睡不到 6 小時。有些人，4 ～ 5 小時就夠了。

也就是說，如果我們把範圍擴大一些，自然會發現，年齡愈大，需要的睡眠時間愈少。就睡眠而言，其實沒有一套

各年齡層的睡眠時間

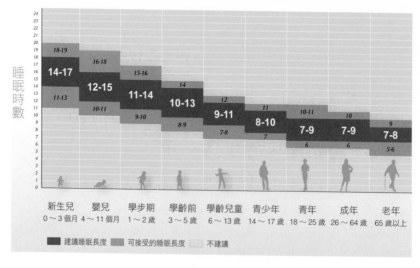

統一的標準。我指的是，每個人一生適用到底的「標準」。

　　有一件事，值得拿出來提醒。從台灣官方的統計數字可以發現，60 歲以上的高齡族群，只要就醫，幾乎 3 成到 4 成會得到安眠藥的處方[1]。當然，這個族群可能有各種生理上的因素，而需要藥物的協助來增加睡眠。然而，值得留意的是，從上面的數據，我們知道年紀大的朋友，睡眠需求量減少是自然的現象。那麼，對於高齡的朋友，是不是真的需要為了增加睡眠時數而長期用藥？甚至去承受藥物可能的副作用？這些，都值得探討。

　　從我個人的角度來說，如果是為了短期的安眠，藥物當然有它的益處，但並不適合長期使用。這一點，我之後會再做進一步的說明。

　　我在這裡還要提醒，關於醫學和健康，一般人通常會認為只要是出自研究機構的文章，或是帶上幾個科學的字眼，就是可以採用的建議。然而，從研究的角度來說，既然睡眠長短對不同年齡層的衝擊不見得相當，如果沒有仔細平衡年紀所造成的影響，所得出的結論也不見得正確。

1　台灣衛生福利部食品藥物管理署委託研究計畫的統計數據。

別忘了，無論從我們個人的觀察，或是更大規模的調查，都發現了睡眠的需求和年齡有關的現象。那麼，任何和睡眠有關的建議，都應該要評估和自己年齡甚至生活形態的相關性，再來採用。此外，任何醫學的研究，都免不了要處理很多變數。前面也提過，兩個現象一起出現，不見得彼此有因果關係。無論是傳播知識或吸取建議，我還是要提醒大家，都要冷靜思考，仔細體會，不要太武斷得出結論。

有用的幾個重點：

✓ 該睡多久，其實沒有一套統一的標準。甚至，同一個人，不同的階段，需要的睡眠時間也不同。

✓ 年紀大的人睡得少，不見得是一個醫療的「問題」。理解自己的現況和真正的需求，或許是更重要的。

✓ 要採用任何與睡眠有關的科學發現之前，我們也要評估自己的年齡、生活習慣等種種因素，不要急於判斷。

✓ 睡眠多或少，其實從別人或客觀的角度來談，怎麼談，對自己都不重要。最重要的，還是自己覺得有沒有睡飽，有沒有休息到的滿足，這才是關鍵。

【練習】
失眠，不是問題

　　我可以接受，完全接受，徹底接受我目前睡眠的狀況，包括失眠。

　　將這幾句話放在心裡，對自己重複再重複。你會發現，這個練習，最多也只是前一個練習的延續，只是更集中在睡眠。

　　我們不光是告訴自己（你也可以把它稱為「洗腦」）——失眠沒有絕對的重要性，而且還要透過每一個層面，來徹底領悟到這句話。也就是說，不光是在邏輯上建立這樣的想法，而且還要透過我們的感受，讓每一個細胞完全體會到這句話的重要性。

　　我們也可以提醒自己，想想小時候，絕對沒有睡眠的問題。只是，一路走來，年紀愈大，睡眠愈少。同時，我們心裡的負擔也愈重。睡眠少，是我們人生種種層面的結果，倒不是人生樣樣問題的起因。

　　這跟我們的健康是同一個道理，假如我們飲食不均

衡，心裡的負擔重，隨時都憂鬱，又完全不重視生活習慣，那麼，最後的不健康，也只是不得不的結果。

另外，我們年紀大，睡眠的需要自然減少。這一點，值得好好放在心裡，也就可以接受這理所當然的變化。

我要再一次強調，不把失眠當作問題，它也自然不是問題。

我也要再一次強調——如果可以完全接受失眠，我們本來認為的問題，也就解答了一半。

我們假如可以接受這幾句話，就是一夜沒有睡好，自然發現第二天還是可以很清醒的做事。本來隔天會很疲倦，心裡不安，感覺沒有活力。但是，我們改變了想法，也就會突然明白，心裡預設的累，其實大多是自己透過念頭所造出來的。

即使白天確實很疲勞，也可以休息幾分鐘，不把它當成多嚴重的一回事，而最多只是符合身體的需要，做當下的調整。

我當然明白，這些提醒，完全不同於一般對睡眠的專業建議。但是，最不可思議的是，我也確實看到上千位朋友，透過這種方法，自然走出來。我還是希望你我都試試看，拿

自己的身體和睡眠，來驗證這幾句話的正確性。

回到這個練習，只要我們睡醒了或三更半夜睡不著，也只是重複這幾句話——

我可以接受，完全接受，徹底接受我目前睡眠的狀況，包括失眠。

練習久了，你會發現可以接受的範圍也擴大了，不光可以接受眼前的失眠，而可以接受一切。習慣了，這句話也就可以縮短——

我可以接受，完全接受，徹底接受我目前的狀況。

你會發現它很好用，會是你一天下來最親密的萬靈丹。讓你這一生有機會輕輕鬆鬆徹底走出來，而不只是解答失眠的困擾。

一般比較嚴謹的睡眠專書，都會去彙整睡眠的機制和理論。在這裡，我要再一次強調，這本書不是為了彙整睡眠的理論而寫的。畢竟這些知識和理論，無論第一次讀到時多麼新鮮、多麼完整，只要過一陣子，經過再進一步的驗證，也就可能被推翻了。然而，我很有信心，《好睡》帶來的練習是永遠不會過時的。這些練習，和人間累積的知識不相關。

我會繼續多談一點和睡眠相關的各種說法，幫助你我面

對睡眠。然而，最重要的是——你現在就下一個決心，要採用這裡所講的練習。把自己當作一個科學家，點點滴滴去親自測試這些方法的正確性。不這麼做的話，任何書、任何睡眠的建議，不可能會有什麼幫助。

04
面對睡眠，人體有很大的彈性

　　人類是好奇的動物，只要可以研究，就絕對不會放過。既然我們提到，睡眠的需求可以多也可以少，而且每個年齡的需求都不同，我們自然會想問：「少，可以少到什麼地步？」針對睡眠的長短，我們也就想知道——一個人最長可以幾天不睡覺？

　　1959 年，美國紐約有一位電台主持人特里普（Peter Tripp）在紐約時代廣場的一個透明的玻璃屋裡，由媒體和醫生守著，連續 201 小時（8 天又 9 小時）不睡覺。持續 3 天不睡之後，他開始出現各種幻覺。最後 66 小時，是靠藥物支撐過去的。實驗結束後，他倒頭大睡整整 13 小時。

　　1964 年，美國加州一位 17 歲的高中生嘉德納（Randy Gardner）在史丹佛大學有名的睡眠專家德門特（William Dement）的觀察下，連續 264 小時，也就是整整 11 天不睡

覺。4 天後，他開始出現妄想症狀，把一個路牌當成了人。11 天後，他無法進行簡單的減法，也變得比較情緒化，心情容易不好。實驗結束後，他睡了差不多 15 小時。再隔天，又睡了 10.5 小時。再調適幾天，也就恢復了正常。

許多朋友都聽過「金氏世界紀錄」，這些紀錄會發表在每年出版的《金氏世界紀錄大全》（*Guinness World Records*）。這本書  的發行量相當驚人，到現在已經超過一億本。目前資料庫裡有 3 萬筆各式各樣的世界紀錄，但由於篇幅有限，每年只能刊出大約 4 千筆。

如果我們想打破一項金氏世界紀錄，或是創一種新的項目，都可以免費申請。不過，每年有幾萬人想打破各種世界紀錄，光是初審大概要等上 3 個月。有些項目，金氏世界紀錄的機構會派認證官到現場見證。通過認證的人，可以當場獲得證書。

嘉德納的實驗，因為錯過申請日而沒有進入金氏世界紀錄。然而，他的實例因為有德門特完整的紀錄，在睡眠研究的圈子裡相當出名。

嘉德納的紀錄沒多久就被另外兩位年輕人打破。最後一位因為不睡覺而進入金氏世界紀錄的實例是在 1977 年，英國的韋斯頓（Maureen Weston）在參加搖椅馬拉松時，在搖椅上晃了超過 18 天，破紀錄的 449 小時沒睡。雖然到比賽結束時，她一樣出現幻覺，不過後續並沒有長期的影響。

這些實例，通常用來說明睡眠不足並不會對人體造成什麼嚴重的後果。但是，畢竟這些實例沒有很嚴謹的追蹤，也不能等同於每個人的狀況。

唯一一個似乎有不良影響的是特里普，在 201 小時不睡之後，他有好長一段時間陷入一種心理上的困擾，認為自己是冒牌的特里普。但是，以他的生活方式來看，很難說是那次的睡眠不足所導致，還是有藥物或其他因素的影響。

我會提這些紀錄，倒不是要你我用這種方式去虐待自己、傷害身體，好去創造下一個世界紀錄。而且，據我了解，金氏世界紀錄在 1989 年後已經將不睡覺的紀錄從資料庫移除，也不再接受申請。畢竟為了達到這些紀錄，可能造

成一個人健康的傷害。

睡眠，跟我們人體的其他機能一樣，看來有相當大的彈性。我記得過去講過，人體的可塑性相當大。這種可塑性，講的還不光是腦神經再生的可塑性。也包括類似胎兒幹細胞的作用，可以讓組織再生，甚至重新生出一整個器官。

頭腦的作用，例如睡眠，也只是如此。我們一生出來，透過種種的可塑性，也不斷地在適應環境或自己生理的變化。如果面對一個短暫的危機，例如睡眠不足或逃命，也可以承受不可思議大的負擔。

不過，無論我們的可塑性多大，從我的角度來看，這些紀錄最多是反映一些極端的情況，倒不適合做為每天運作的標準。真正需要提醒的是，睡眠的長短乃至於失眠，從我的角度，最多還只是結果。睡眠的狀況，反映的是我們平常生活中的失衡。我們最多是把睡眠當作一個窗口，來觀察自己失衡的程度。

面對失眠，如果我們不去追根究柢釐清並消除真正的成因，卻只想集中在最後的現象，就像一個人把失眠當作所有問題的根源，而認為只需要幾顆藥就能克服。這種作法合不合理，我想每個人心中都已經有了答案。從生理學和醫學的

角度來看，是行不通的。

　　我在這本書真正想表達的是一種徹底顛覆的觀念──只要集中在身心的整體，而不是單單鎖定失眠的問題，其實也就夠了。

　　最有意思的是，雖然沒有集中在失眠，反而失眠也就跟著解決了。

　　失眠，最多只是果，而不是我們問題的來源。充其量，只是加深或擴大我們本來就有的狀況或失衡。

有用的幾個重點：

✓ 想打破不睡覺的紀錄嗎？記得先查查之前的紀錄。也別忘了，現在已經不再收錄不睡覺的世界紀錄了。

✓ 失眠，不是身心問題的根源，而是各個層面綜合的結果。

✓ 我們能多久不睡覺，反映的是人體調節的彈性。想睡，卻睡不著，也只是反映了身心的失衡。

【練習】
不要分享自己睡不好

　　我會引用這些研究報告和例子，主要是為了強調人體有相當大的彈性。而且，睡多或睡少，倒沒有一個標準化的數字可以判定。我們每個人的體質和需求都不一樣，不需要為了刻意符合「標準」（其實沒有這種標準），非要去擔心自己睡眠不足，而還帶給自己不必要的憂鬱。

　　我透過「全部生命系列」一直在強調 *That which we think becomes real.*「我們所想的，自然變成真實。」如果我們把一件事當作問題，不斷地去想它，這件事自然變成一個問題。而且，還可能是個嚴重的問題。

　　也就是說，只要為了失眠而困擾，我們正在把失眠變成一個大問題。

　　到這裡，如果你已經踏踏實實完成前兩個練習，自然會發現這些話完全是理所當然。而且，你已經能夠掌握，甚至活出這幾句話所帶來的解答。

　　既然我們不見得有真正的失眠，要面對失眠（我們認為

的失眠），還是要從主觀的層面切入。

　　首先，我們要有一個徹底的態度轉變。針對睡眠，不光是前面提過的，不要再一直肯定自己有失眠的問題。此外，也不需要再跟任何人分享，更不用宣傳自己的睡眠狀況。

　　睡醒過來，還沒有起身，躺在床上，先深吐氣、深吸氣幾次。這時候，給自己一個最大的禮物，也就是肯定自己──一切都好。我不光沒有睡眠的問題，其實，我什麼問題都沒有。

　　接下來，把這種肯定帶到白天。自己默默下定決心，再也不和別人去談自己睡眠的問題。就算被問到了睡眠，也就用你自己的語言表達──很好，我沒有一點問題。而且，把「沒有問題」變成這個練習的重點。

　　假如每一天都可以這麼肯定下去，你自然發現，不知不覺，這幾句話已經成為你活出來的真實。

　　一天下來，透過輕輕的吸氣，深深的吐氣，不斷調整自己的心態。你自然會對睡眠這個話題失去興趣。別人有失眠，是別人的事。你，已經中止這個自我宣傳的連鎖反應。

　　你會發現，就這麼簡單的練習，已經打破失眠帶來的無力感、挫折和不安，也就破除了自己睡不好的「謠言」。

　　我多年來遇到失眠的朋友，會不斷地考驗他們是不是可以落實這個觀念——失眠，不是一個問題。

　　你會注意到，我用了 3 個練習來談這個觀念，只是範圍不同，也就是想強調它的重要性。假如這一點無法掌握，接下來做再多練習，效果也可能還是打折扣的。

　　我們要進入這本書，首先你要誠懇地完成這 3 個練習所帶出來的功課。就像讓我陪在你身邊，不斷地叮嚀你，不斷地和你一起驗收自己的成果。

　　假如和人談話時，你忍不住又為失眠嘆了口氣，或又開始抱怨睡眠的問題，也沒關係，知道我隨時在你身邊為你加油，為你打氣。這樣子，我們再一起回來這裡的練習，也就夠了。

05
過去的人是怎麼睡的？

之前，我常常把失眠當作一個「文明病」來談。這是很普遍的一種說法，也反映了現代人的一種迷思——我們認為過去的人，一定比我們睡得更多。而且，是一次睡滿 8 小時。甚至，是從太陽落下，睡到太陽再度升起。

當然，這種想法聽起來很合理，畢竟過去沒有現代的電力設備，沒有電視，沒有收音機，沒有網路。大多數人沒有各種夜生活的娛樂，晚上用完餐後，沒有事做，也就可以早早睡了。

不過，「一覺到天亮」很可能是我們現代人一廂情願的想像。

1990 年代，美國的心理醫師韋爾（Thomas A. Wehr）指出，既然現代社會是到了十九世紀中期才普遍有燈光可以做為夜間照明，那麼，現代人的睡眠習慣可能才是一種全新的

「發明」。

為了驗證自己的想法，他做了一個實驗，參與的人在日落之後，完全沒有燈光照明、沒有電視可看。整整1個月，每天有完整的14個小時都處在黑暗中，看看能不能還原古人的睡眠型態。

結果令人相當驚訝，這些參加實驗的人，經過幾週的調適期之後，自然落入了一種特殊的睡眠——先睡上4小時，中間會醒來大概1～3小時，然後，再睡上4小時。後來的人把這種睡法，稱為「分段睡眠」（segmented sleep）[1]。

很有意思的是，美國的歷史教授埃克奇（Roger Ekirch）花了16年的時間，整理超過5百筆的各種文獻，包括日記、法院紀錄和書籍。他歸納出來，以前的人通常會在半夜醒來一兩個小時，前後各睡4小時。而半夜醒來的這一兩個小時，其實是人最放鬆、最自在的時候[2]。

這一個發現很有意思，韋爾進一步分析實驗參與者的血液樣本，也發現半夜醒來的這一段時間，泌乳素

---

[1]　Wehr, Thomas A. "In short photoperiods, human sleep is biphasic." *Journal of Sleep Research* 1.2 (1992): 103-107.

[2]　Ekirch, A. Roger. *At Day's Close: Night in Times Past*. WW Norton & Company, 2006.

（prolactin）的量會爆增。泌乳素是一種荷爾蒙，最為人所熟知的功能當然是刺激分泌乳汁。然而，阻斷泌乳素的作用，可能導致產後憂鬱。動物實驗也指出，泌乳素可以減輕焦慮反應[1]。特別的是，參與這項實驗的人也都提到，在兩段睡眠之間的這個空檔，他們可以體會到一種很深的安靜和平安。

這應該不是巧合，從生物、心理到歷史領域的研究都指出，古時候的人，他們的睡眠型態，並不是我們想像中一整晚 8 小時不中斷的睡眠。我們別忘了，每個人都有一個專門用來睡覺的臥室和床，其實是人類社會到工業革命之後才有的，特別是連睡覺和醒來的時間，都是配合上班、上學的時間表而制定的。其實，應該這麼說，睡一整晚是我們現代人才有的「發明」。

在人類還沒有進入工業革命、還沒有形成我們現在習慣的上班、上學的生活前，睡眠反而完全是自然的，隨時隨地想睡就睡。甚至，在白天，也可能隨時打瞌睡。其實，我們打瞌睡的習慣，也就是過去帶來的。

---

1 Torner, Luz. "Actions of prolactin in the brain: from physiological adaptations to stress and neurogenesis to psychopathology." *Frontiers in Endocrinology* 7 (2016): 25.

對古人來說，累了，就躺著睡一覺。休息夠了，即使三更半夜醒來，也沒有什麼好大驚小怪。就好像不斷把自己交給身體，身體本來就知道該不該睡，倒不是說非要有什麼規律不可。

現代人透過知識的傳播和各種教育的洗腦，無形當中，總是認為自己非要睡滿多少小時不可。好像達不到這個標準，自己的健康、表現和幸福就少了什麼，當然會想方設法要進入睡眠。

可惜的是，為了一種想像中的規律，反而帶給自己那麼多焦慮。光是這種焦慮，就足以讓我們失眠。這值得嗎？

睡眠，其實還是要符合個人實際的需求。

我們還不用去調查普通人的睡眠，光是從名人的實例，就可以看出睡眠需求人人不同，就像一個頻率譜，有各式各樣的分布。每個人處理睡眠需求的方法都不一樣，比如說美國 1960 年代的詹森總統（Lyndon B. Johnson）晚上只睡 4 小時，但他每天一定睡午覺。他的午覺行程，是相當出名的。為了睡午覺，他一天分成兩段來用，包括幕僚也配合他的作息。他會在早上 6 點半、7 點起床，工作到下午 2 點。接著去運動或游泳，然後換上睡袍很正式地睡半小時。

下午 4 點醒來後，再換上乾淨衣服，繼續「晚班」的工作，有時候會工作到隔天凌晨 1、2 點。

大家熟悉的柯林頓總統（Bill Clinton）也是一樣，晚上睡很少，該休息就休息，也可以熬夜。不過，柯林頓 58 歲心臟病發，接受冠狀動脈繞道手術安裝支架之後，也就調整了他自己的睡眠習慣。

不光這兩位美國的總統睡得少，英國的柴契爾首相也是每天只睡 4 小時。擁有幾百項美國專利的愛迪生，一個晚上只睡 5 小時。他們兩位，都活到八十幾歲。帶領大家度過第二次世界大戰的英國首相邱吉爾非但凌晨 3 點才睡，而且只睡 5 小時。當然，不見得每個名人都睡得很少，美國的開國元勛富蘭克林和現在大家都知道的比爾蓋茲一天睡 7 小時，而最出名的是愛因斯坦，一個晚上可以睡 10 ～ 12 小時。

這些實例，其實是講不完的。我在這裡會舉這些名人作為例子，也只是想用大家熟悉的人物，幫助你體會，睡眠少不見得影響工作和生活。但是，值得注意的是，這些實例倒不能證明睡覺多或少是好還是不好，最多是在表達，每個人睡眠的需要是不同的。我們並不能就此得出什麼結論，認為應該睡多多，或是睡多少。睡多或睡少，其實跟一個人的表

現、工作量和成就，沒有一定的關係。

　　坦白講，我自己睡得也不多。甚至，一個晚上一兩個小時大概就足夠了。無論在工作或情緒上，也沒有什麼異樣。然而，和一般人想的不同的是，我讓身體告訴我什麼時候該

每個人的睡眠習慣不同 (A) 美國開國元老富蘭克林（一天睡 7 小時，從晚上 10 點睡到隔天上午 5 點）(B) 愛迪生（一天睡 4 小時）(C) 愛因斯坦（一天睡 10 ～ 12 小時）(D) 英國首相邱吉爾（一天睡 5 小時，從清晨 3 點睡到早上 8 點）(E) 英國首相柴契爾夫人（一天睡 4 小時）(F) 蓋茲（一天睡 7 小時）

睡，什麼時候該休息。也就這樣子，沒有把睡眠當作一個問題。有時候，偶爾也會睡多，而且是超過一般人可以想像的多。要睡就睡，不想睡也不要刻意勉強自己去睡。睡或不睡，對我不是問題。這一來，對我而言，也沒有一個東西叫失眠。

沒有任何一件事是非怎樣不可的。

我會特別強調「每個人睡眠需求不同，不見得要睡滿 8 小時」的這個觀念，並不是空談。而是我認為，對睡眠的看法——尤其失眠有多重要——這個觀念，本身要有一個大的修正或是突破，我們才可以輕鬆去改善我們自認為的「睡眠問題」。從第二章起，我已經開始採用各式各樣的方法和練習，希望你親自去實驗，而自然得出一樣的結論。

我會再一次強調這個觀念，是因為對於失眠的人，除了睡眠不足本身的影響之外，往往還承受著一個額外的心理壓力——認為自己和別人相比，不夠好。抱著這種想法，長期下來自然會躁鬱。

對我而言，觀察了這幾十年，或許唯一的結論是——人生，其實沒有任何一個固定的模式，是我們需要去遵守的。

除了前面 3 個練習，我也通常會請失眠的朋友，先簡單

地做一些深呼吸的練習，來接受自己的狀態。把自己的狀況，當作可以接受的正常，而不是認為自己有什麼重大的異常需要去解決。

有用的幾個重點：

✓ 一整晚連續睡 8 小時，可能是現代社會才有的「發明」。

✓ 為了一種想像中的標準而焦慮，光是這種焦慮，就足以讓我們失眠。

✓ 再一次強調，睡多或睡少，要看個人，沒有一個標準。重點是睡好，睡飽。連這一點，都是個人的主觀感受。

✓ 每個人都有自己面對睡眠的方式，不把睡眠當作一個問題，自然也就沒有一個東西叫失眠。

【練習】
深呼吸

既然講到深呼吸，我們可以一起做這個練習。

深呼吸，是提高血液裡含氧量最快的方法。透過深呼吸，長期下來，不只提高體內的含氧量，還可以矯正代謝性酸化（metabolic acidosis）的傾向。

一天下來，隨時都可以做這個深呼吸的練習。剛起床的時候，就可以做，但是，最重要的還是睡前的練習。

把嘴巴閉起來，用鼻孔，深呼吸幾次。

吸氣時，採用橫膈膜呼吸，不光要有意識地擴大胸腔，同時觀想自己用丹田（肚子）在充氣。

慢慢吸氣，至少 3 秒。如果習慣了，可以到 5 秒，或 5 秒以上。

接下來，深深的吐氣。

吐氣，一樣地，要用橫膈膜來幫忙帶動。也就是，讓肚子先縮起來。

從肚子開始先吐，吐到最後，胸腔才塌下來。

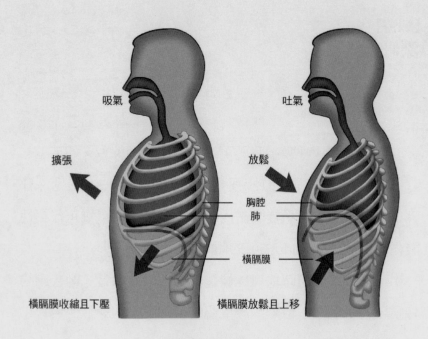

吸氣　　　　　　　　　　吐氣

擴張　　　　　　　　　　放鬆

　　　　　　　　　　　　胸腔
　　　　　　　　　　　　肺

　　　　　　　　　　　　横膈膜

横膈膜收縮且下壓　　　　横膈膜放鬆且上移

　　我們不需要刻意去採用這個順序。只要我們放鬆，前面
講的順序自然會發生，也就是肚子吐氣，接下來胸腔才會吐
完。吸氣也是一樣地，胸腔先吸氣，然後肚子自然會鼓起
來。

　　一樣地，吐氣的時間至少 3 秒。習慣了，可以到 5 秒，
或 5 秒以上。

　　要記得，深呼吸是慢的，倒不要求快。快速而大量的吸
氣和吐氣，其實是一個人體內的氧氣不足，身體為了補救而

有的措施。還可能造成「過度換氣」的作用。

舉例來說，一個人如果在睡眠中呼吸停止（睡眠呼吸中止症，sleep apnea），身體氧氣不夠，自然想快速恢復呼吸，讓氧氣增加，而帶來過度換氣。過度換氣，表面上會讓含氧量變高。長期下來，其實反而造成代謝性酸化，而帶出其他的惡性循環。此外，恢復呼吸時，也自然會醒過來。醒過來的時間也許很短，甚至讓我們意識不到有醒過來，但還是中斷了睡眠。

深呼吸的作用，遠遠比我們想的更大。它本身會把交感和副交感神經作用的失衡調整回來。其實，自律神經系統裡，交感和副交感作用失衡對睡眠的影響，從我的角度來看，是扮演關鍵性的角色。

在這裡，你不用擔心自己還不知道交感和副交感神經的作用。這一點，我在這本書稍後會多談一些。你只要知道可以用深呼吸這種簡單的方法來調整交感和副交感神經的作用，而進一步調整睡眠，也就夠了。

我在這裡，最多只是強調練習，希望你親自去體會，去練習。

一天守住幾個時間做深呼吸，是最理想的，也不容易忘

記。

舉例來說，睡前，躺在床上可以做。睡醒，剛睜開眼，躺在床上也可以做。接下來，上午休息的空檔，午餐後，下午休息，晚餐後，都可以練習。

熟練了，自然會發現精神會特別好，不容易打瞌睡。這本身也會自然影響我們睡眠的品質。

06
失眠，成為一種流行病？

　　睡得多、睡得少甚至失眠，本來不是問題。然而，現代的社會教育普及，大眾傳播的力道很大，於是每個人都認為睡眠很重要。再加上在這個快步調而全年無休的社會，任何問題都被認為應該迅速地解決。這一來，很多人確實睡不著或認為自己睡不夠，也就自然會把失眠當成一個病來看。

　　甚至，在比較「先進」的國家，整個社會可以說是一週7天，每天24小時在運作。就連超市都是24小時營業，到了晚上，路燈都是亮的，有些地方甚至比白天還更精彩。一個人忙完工作之後，還要繼續聚會，總是有各種娛樂休閒的場所可去，也就自然把睡眠的需要留到以後再說。甚至，乾脆拖到週末或長假再一次解決。

　　這些社會的機制，讓我們的身心好像有一個很大的分離。不再是像前面說的，想睡就睡，不想睡就不睡。整個社

會的步調好像是活的，壓過了每一個人身心的需求，甚至還帶著我們每一個人走。

是的，從公共衛生的角度，在失眠這個主題，早就累積了數不清的文獻和調查，指出現代人確實睡眠不足。尤其最需要睡眠的年輕人，在各種升學壓力和補習的安排之下，睡不夠的比例相當高。美國波士頓學院每 4 年會對全球學童的數學和科學學習做一項大調查，在調查的同時也發現 9 到 10 歲的小學生、13 到 14 歲的中學生，超過 3/4 都睡不夠。本來需要睡 8 ～ 10 個小時的高中生，在學期間，大概有 2/3 的人睡不到 8 小時。女孩子更容易睡不飽，面對升學壓力的 9 年級生和 12 年級生尤其如此。

從我個人幾十年的觀察，美國的亞裔學生是最容易睡不夠的一群。不光是年輕人自己要求高，還要承擔家庭和周邊人的期待與壓力。我回到亞洲後發現，特別是在台灣和東亞地區，這個現象比國外還更嚴重。除了個人和父母的期望，整個教育體系的氛圍更是講究排名，誰也不希望輸給其他人。

我相信，這些話對你可能一點都不稀奇。我們只要自己經歷過這個階段，或身邊有親人在準備升學考試，都會知道

這是事實。不只是缺少幾十個小時的睡眠，甚至說幾百個小時，都可能還是低估了睡眠不足的程度。

在台灣，2017 年公布的調查指出[1]，不到十個人就有一人長期睡不好，到了被診斷為長期失眠的地步。我相信，從你個人的觀察，也可能懷疑這個數據還是被低估了。

此外，從數據看來，特別是年長的人和女性這兩個族群，失眠的比例都偏高。當然，可能的因素很多。但可以想像的是，人到了一定的年紀，身體健康的狀況可能開始浮出來，甚至有疾病或內分泌的變化。另一方面，在這個年紀，可能要面對退休前後身分和角色的轉換，也可能開始跟不上職場的步調。在工作上，是相當需要調適的階段。

我其實希望提醒這些朋友，這一生走到這裡，遇到這種生活的危機，也正是我們意識轉變最大的機會。這一點，如果能夠把握，將這一生的價值觀徹底反轉，也就可能有機會走出人生的難關，甚至徹底脫胎換骨。

另外，女性容易睡不好，這個現象不只在台灣如此，全世界都差不多。有些人認為可能和生理期、懷孕、更年期各

---

[1]　2017 年台灣睡眠醫學學會最新調查。

種劇烈的生理及內分泌變化有關，也認為女性更容易操心而失眠。確實，我所接觸到的女性朋友，失眠的比例是偏高。我也會勸這些朋友，把失眠的情況當作身心轉變的門戶。這幾句話不是安慰，而是事實。

從我個人的觀察，女性比較講究心或靈性的層面。這幾十年來，透過人類社會的快步調和地球頻率的轉變，大環境確實有一種變化。而女性通常比較敏感，也容易和這種轉變共振。我才不斷透過「全部生命系列」來表達，雖然女性在心情的層面比較容易受到影響，但是，從更高的層面來看，這種敏感也正是這一生來身心轉變最快、最好的機會。

快步調，是現代社會的普遍趨勢，而且幾乎每一個地區的人民都受到影響。有人針對中國 18 ～ 44 歲的年輕人做了網路調查，發現能夠一覺到天亮的只佔一成；而睡不飽、起不來、怎麼睡還是累的比例，高達 9 成。其中，北京、上海、廣州這 3 個發展快速而競爭激烈的大都市，年輕人睡不好的比例更高 [1]。這一點，從我這幾十年的觀察，確實是如此。甚至，在中國的失眠問題，可能比台灣還更嚴重。香港

---

[1] 2016 年及 2017 年中國青年睡眠指數白皮書。

也是一樣。

　　工作和升學的壓力與焦慮，以及現代人長時間使用手機等電子產品，讓五官和念頭的運作幾乎都沒有停過。睡眠，本來是身體的本能。然而，對現代人而言，要想睡得好，反而成了一個需要努力去達成的功課。只是，要把睡眠找回來，其實是相當簡單的。最多，是透過一個徹底的心態轉變，透過一種反轉的機制，我們每個人都可以回復睡眠的本能。

　　我在「全部生命系列」所談的「反復工程」，也就是為了幫助你我點點滴滴反轉每一個習氣，重新建立神經迴路，回復我們每個人本來都有、本來就是的，包括睡眠。

　　當然，我還可以分享更多統計的數據，畢竟，這些數據只要查，就會找到，而且還可以加上更多地區的實例。但為了節省篇幅，我倒不希望再繼續分享下去。畢竟，這類的研究，無論規模大小，共同的結論都是──對我們現代人而言，失眠是最嚴重的文明病。每一本談睡眠的書，也都會引用豐富的統計來佐證這一點。包括我現在寫《好睡》這本書，也難免要提一些。然而，坦白講，這些細節，對你我睡眠的問題不會有任何幫助，還可能帶來更大的負擔。

　　我一般很少強調這些失眠的統計數字，還有另一個層面的理由。畢竟，做一個研究，為了要能統計數據，得出一點睡眠相關的結論，一定要先定出一個標準，例如什麼叫做失眠？又是怎樣才算睡得好？

　　為了定義，難免要指定一個分界，例如 7 或 7.5 小時，而把睡不到這個時數當作異常，睡夠了才算正常。然而，睡眠，其實是主觀的現象，只有我們自己才知道是不是睡夠、睡飽了。

　　前面也提過，人體的彈性相當大，說到底，其實沒有一個睡眠時間的標準可談。如果有各種「專家」要不斷提醒我們有一個客觀的正常睡眠範圍，我們不知不覺也就不斷地去追求一個不存在的「標準理想狀態」，而不必要地認定自己有嚴重的異常，還給自己帶來相當大的心理壓力。這一點，反而特別不利於睡眠。

　　其實，專家們辛苦搜集的這些數據，對我而言，最多只是反映了我們本來都知道、可以觀察到的事實。

　　從我的角度來看，怎麼解讀失眠的現象，其實又和一般人的想法剛好是顛倒的。我指的顛倒，是因和果是顛倒的。一般談睡眠的書，都把失眠當作問題，而認為失眠是導致身

體許多狀況的原因。而都會強調用各式各樣的方法去處理失眠，例如用藥。以為只要解決了失眠的問題，一切的狀況也就跟著變好了。

然而，很少人會想到，失眠可能是個果。是什麼的果？

其實，我們現代社會的步調快到一個地步，每一個人都覺得跟不上，都覺得有壓力。在這種長期失衡的情況下，失眠最多也只是一個必然的結果，反映我們現代人的不均衡。

對我而言，失眠，最多只是反映整體的失衡。它本身，反倒不是需要特別去操心的問題。從我個人的經驗，愈輕鬆面對失眠，反而效果愈好，甚至可能永久改善失眠。我們其實不需要不斷放大失眠的問題，還去強調失眠的嚴重性，這非但解決不了問題，還帶來一層不必要的心理負擔。

我到今天，沒有見過一個人，到了一定的年紀，這一生從來沒有過失眠的。我們大可反向思考，將失眠當作每個人這一生自然會發生的狀態。甚至，把失眠當作成年禮一樣，是人生成熟的必經階段，而可以好好迎接它。這一來，我們自然可以建立一種自信，知道失眠不是一個疾病，而本身是可以調整過來的。

　　面對自認為失眠的朋友，我過去也常建議他們仔細觀察自己的生活是不是正在面臨大的變動，或是明顯地進入另一個階段。有時候，只是因為自認為這個新的階段表面看來不如過去，心裡有壓力，也就可能失眠。但是，反過來，如果我們能把人生的每一個階段（無論表面看來好不好）都當作是必須經過的里程碑，而能肯定生命已經把一切都安排的剛剛好，我們不光不需要計較有沒有睡好，而還可以徹底慶祝生命所帶來的種種變化——包括失眠。

　　這一來，我們人生的許多困難，包括失眠，也自然消失了。

　　但是，要和失眠達到這樣的共生存，需要我們親身投入，對自己、對睡眠抱著真正的耐心，將心態做一個徹底的轉變。能這樣誠懇地和失眠共生存，我們完全不需要刻意去消除失眠，反而睡眠也自然改善了。

　　談到共生存，也許你還記得，我很早就在《真原醫》提出這個觀念。也就是面對任何疾病或健康的狀態，都不要把它看作是一個單一的現象，認為它有絕對的重要性，還特別集中在上面，甚至忙著去根除它。我會建議你，面對任何疾病，最多是將它當作一個窗口。只是透過這個窗口，去體會

我們身心整體不均衡的狀態。

要面對身心的失衡和不健康，我們的生活習慣要有一個徹底的轉變。轉變了，不光眼前的狀況會修正，就我過去的經驗，失眠的情況也一定會好轉。這也是最好的預防醫學的方法，讓我們隨時活出身心全面的健康。到最後，不光是改善失眠，而是把背後的身心失衡也跟著調整了。

此外，我在這裡也要大膽地提出，睡眠其實可以變成我們最好的意識轉變工具。我寫這些作品的動機，不光是幫助你我改善睡眠，而是透過睡眠，讓我們輕鬆地體會生命更深的一個層面。讓我們在這個人生的經過，能得到徹底的轉化。這才是我真正的目的。

睡眠，是這麼重要的主題，我才會用兩本書《好睡》、《清醒地睡》來談這個題目。

然而，我也知道，首先要幫助你我改善睡眠，才有資格進入下一個層面。

有用的幾個重點：

✓ 失眠是果，最多是反映整體的失衡，倒不是一種「病」。

✓ 誠懇地和失眠共生存，我們完全不需要刻意去消除失眠，
　反而睡眠也自然改善了。

✓ 徹底轉換生活習慣，不光解決失眠，背後身心的失衡也會
　跟著調整。

✓ 睡眠，其實可以是我們最好的意識轉變工具。

【練習】
一切都好

一切都好。

一切都特別好。

既然失眠不是個問題，更不是個疾病，那麼，應該一切都好。

這幾句話的領悟相當重要，本身就是我們最踏實的一個練習。

用這種肯定，不斷地重複一切都好，我們自然可以再一次地肯定——失眠，其實不是一個嚴重的問題。我們透過態度的轉變，可以接受自己的睡眠狀態，包括過去所認為的失眠。

我們無論在睡覺前，或睡到一半醒來，都可以不斷地重複。只要沒辦法睡，或三更半夜醒來，都可以這麼來面對睡眠。試試看，看「一切都好」這四個字可不可以立即浮出來，讓我們可以接受睡眠的中斷。

我們也可以結合前一章深呼吸的練習，效果可能會更

好。

怎麼做？也只是先透過長長的吸氣，慢慢的吐氣，在念頭上踩一個剎車，自然為我們做一個調整。接下來，輕輕地對自己說——一切都好。一切都特別好。既然失眠不是個問題，更不是個疾病，那麼，應該一切都好。

這裡指的效果更好，並不是會立即得到睡眠。別忘了，既然我們認為失眠不是問題，那麼，也不用再期待、追求睡眠。而只是用這幾句話接受一切，包括我們過去所認為的失眠。

當然，這時候頭腦會抗議，可能反而有更強的焦慮，甚至接下來，還衍生出一連串負面的念頭。但是，你也只是深呼吸，同時心裡念這幾句話，不斷堅持下去，告訴自己——一切都好。睡著，不睡著，一切都好。

試試看，不要馬上放棄。多做幾次，甚至不斷地做，拿自己來驗證。

熟練了，你會發現，就像深呼吸一樣，這幾句話在白天也派得上用場。我們在白天，隨時在心裡重複這幾句話，也自然影響到自己的心情和對生命的態度。奇妙的是，生活也好像樣樣都順了。過去，本來可能心裡還有不滿、摩擦、反

彈，甚至覺得受傷。然而，這些負面的念頭，到現在也跟著
消失，或自然不再起伏。

　　到了晚上，我們可能發現，睡眠也一樣不成問題了。

　　什麼都不成問題，也就一切都好。

07
你怎麼知道自己失眠？

其實，失眠不是一種疾病。

我們只要去仔細分析失眠，包括從醫學的角度去探討，都自然會發現，無論是古代還是現代，失眠都是一種主觀的觀念。古人也早就認為失眠是要從體質的變更著手，把失眠當作最多只是反映體質的變化，倒不認為它是一個問題。也就是我前面所說的，失眠是果，最多只是反映了身心的狀況。

如果我們把注意力完全集中在失眠，不光是錯誤的切入點，還可能錯過了一個很好的調整身心的機會。

西方歷史的第一個失眠案例，可以追溯到古希臘時期。當時，西方醫學之父希波克拉底還沒有出現。人類史上最早的病歷埃皮達魯斯文書（Epidaurian tablets）記錄了 70 個案例，其中一個例子就是失眠。在那個時代，無論希臘或

印度的傳統治療，建議的多半是非藥物的方式，例如透過音樂、冥想、持咒，幫助一個人進入睡眠。後來的人沒想到，過了幾千年，這些作法又重新回到醫學的範疇裡，還被稱為「非傳統醫學」。

到了我們的年代，早期學醫的人畢業時都要複誦希波克拉底的誓言，第一點就是「永不傷人」（never do harm to anyone）。一般人不知道的是，希波克拉底很少會主張用藥物來對治任何狀況，包括失眠。他強調的是以各式各樣的方法，比如飲食和生活習慣的轉變，來調整體質而得到健康。

華人上古醫學的代表神農氏也是如此，他的一百多種上藥，也就是調整體質的草藥或飲食，都是我在《真原醫》所稱的調理素（adaptogen）。中醫承襲了神農氏的觀點，面對失眠也是從體質、心理著手。例如東漢名醫張仲景在《金匱要略》也說「虛勞虛煩不得眠，酸棗湯主之」。

有意思的是，雖然大家都說希波克拉底是西方醫學之父，但如果你仔細去探討他的思想，會發現他更像是一位偉大的中醫師。希波克拉底所留下的醫學知識其實和東方醫學沒有什麼差別，最多只是用的草藥不同，採用的工具不一樣。

　　我在《四大的瑜伽》和其他場合都談過，後來幾百年的同類療法，和中醫也是相通的。是抗生素在近百年前興起後，西醫的各種藥物才發達起來，原本對體質的關注，自然轉到打擊疾病和致病物上頭。

　　但我們仔細觀察，疾病和體質的觀念，這幾十年又回來了。現在最熱門的各種體學，包括基因體學、轉錄體學、蛋白質體學，最多也是在表達體質的重要性，只是用最先進的語言來表達。你看，這是不是又是一個循環。

　　回到睡眠，西元前一世紀，一位希臘醫師赫拉克利德斯（Heraclides of Taras）建議患者用鴉片治療失眠。這個實例，對一般的專家而言，可以說是人類歷史上第一次試著用藥物來對治睡不著的問題。然而，我的看法又是剛好相反。對我而言，它本身其實是特例，並不能代表古代醫學的觀點。當時的專家都知道，應該要透過體質的轉變，才會得到比較好的結果。如果用鴉片去治療失眠，不要說效果不可靠，要承受的副作用可能更嚴重。對整體的健康來說，是不利的。

　　1870 年之後，失眠開始成為睡眠研究的熱門主題。一開始，鑽研失眠治療的醫師的主張跟古人其實是一樣的。舉

例來說，麥克法蘭（Alexander William Macfarlane）就認為「失眠只是症狀，而非疾病本身」。至於失眠被認定成一種疾病，是到了二十世紀後半才開始的，也就有了各式各樣的定義和診斷標準。然而，無論哪種標準，詢問的無非是這 3 大類問題：

✓ 入睡有困難嗎？

✓ 睡一整晚有困難嗎？

✓ 早上會太早就醒來嗎？睡醒了，覺得沒有休息到嗎？

假如答案都是「是」，而且影響到你白天的工作與生活（通常會加上睡不著的頻率、以及這種情況維持多久來做評估），那麼，你可能稱得上有失眠。

你也許已經注意到，這 3 個問題鎖定的還是個人主觀的體會，而不是用數據來衡量。其實，失眠是一種主觀的感受。每個人的睡眠需求不同，失眠與否，更是應該從個人的感受來評估，而不是單純用睡眠時間的長短來計算。

然而，這 3 個問題，也反映了大家對於「健康睡眠」的期待——最好很快入睡，最好能夠睡一整晚，醒來的時間剛剛好，不會太早或太晚。不過，就像我在第五章提過的，現代人認同的一整晚 8 小時的睡眠，多少是工業革命後的人為

產物。如果讓我們回到古人的作息，那麼，很自然的，其實夜間睡眠本來就是會中斷的，倒不是一路睡到早上。

但無論如何，這 3 個詢問從現代醫學的角度來看，還是相當有代表性。比如說，在臨床上常用的雅典失眠自評量表（Athens Insomnia Scale）透過 8 個和睡眠有關的詢問，來評估一個人整體的睡眠狀態。你也可以利用這個機會，先去回答這幾個問題，對自己睡眠的狀態做一個評估。根據專家的說法，如果得分有 4 到 5 分，可列為潛在性的失眠。總分大於等於 6，也就是屬於失眠的族群。

我們注意看這 8 個問題，基本上還是不離前面所提到的這 3 個詢問，就算是第 4 個項目問到了總睡眠時間，也還是在問我們自己覺得夠不夠，並不是和一個具體的數字做比較。

我們仔細想，在醫療的領域，很少會有一種生理疾病，是光用自我評估和程度來表達。一般的診斷都是相當科學，而有具體且數字化的標準。可以說，就連醫界，其實並沒有一個客觀的標準來診斷失眠。

一樣地，我在這裡想表達的是，失眠是一種主觀的判斷。既然是主觀的判斷，也很容易可以改變。首先，我們要

認同，沒有一項睡眠相關的知識，有絕對的重要性。舉例來

說，現代人都知道睡眠對健康和腦部正常運作很重要，然

雅典失眠自評量表

失眠的主觀感受很重要，這份量表可以協助你評估自己睡眠的困擾程度。如果過去一個月內每星期至少有 3 天的睡眠困擾，可以透過這 8 個項目來評估睡眠困擾的程度：

問卷內容

1. 入睡時間	□ 0 沒問題	□ 1 略為延遲	□ 2 中度延遲	□ 3 嚴重延遲
2. 睡眠中斷	□ 0 沒問題	□ 1 問題不大	□ 2 問題明顯	□ 3 嚴重中斷
3. 過早清醒	□ 0 沒問題	□ 1 有點提前	□ 2 明顯早醒	□ 3 嚴重早醒
4. 總睡眠時間	□ 0 已足夠	□ 1 有點不足	□ 2 中度不足	□ 3 嚴重不足
5. 整體睡眠品質	□ 0 很滿意	□ 1 有點不佳	□ 2 中度不足	□ 3 嚴重滿意
6. 白天舒暢程度*	□ 0 還不錯	□ 1 有點下降	□ 2 明顯欠佳	□ 3 嚴重下降
7. 白天身心功能**	□ 0 還正常	□ 1 有點下降	□ 2 中度影響	□ 3 嚴重下降
8. 白天嗜睡程度	□ 0 沒有嗜睡	□ 1 輕度嗜睡	□ 2 中度嗜睡	□ 3 嚴重嗜睡

* 舒暢程度指心情、情緒狀態
** 身心功能包括體力、注意力、記憶力等

總分 4～5 分　　潛在性的失眠
總分大於等於 6　　失眠

經 Elsevier 出版公司許可，重製自 Soldatos CR *et al.* (2000) Athens Insomnia Scale: validation of an instrument based on ICD-10 criteria. *J. Psychosom. Res.* 48: 555-60.

而，這些知識反而讓那些認為自己睡不好的人相當焦慮，又增加了一個睡不著的壓力。

有用的幾個重點：

✓ 古人早就認為，失眠最多是反映了一個人的體質。透過飲食或生活習慣的改變，體質跟著調整，失眠的問題也自然改善。這一點，現在又重新獲得重視。

✓ 即使現代醫學把失眠當作一種疾病，但怎麼判定失眠，仍然是主觀的。

✓ 從我個人的看法，一直累積睡眠相關的保健知識不見得是必要的。真正重要的，還是心態徹底的轉變。

【練習】
透過隨息，肯定「一切都好」

　　要集中注意力，有很多方法。我過去透過《靜坐》和其他的作品將這些方法帶出來，也和大家一起練習。

　　每個人的心理特質和體質都不同，你只要稍微研究一下，自然會發現有些方法對你會更為實用。這些方法，也只是在等著我們找到它。而且，只要做，輕輕鬆鬆地做，不要有什麼期待地做，自然就會有效果。

　　我在這裡想重複一個方法，將這本書的觀念與練習結合起來。這個方法，也就是我過去所稱的隨息。

────

　　隨息，也只是讓呼吸進，呼吸出。

　　首先，你輕輕鬆鬆地觀察呼吸的每一個動作。無論一口氣進來，或一口氣出去，都只是又輕鬆又清楚地知道。

　　最多，只是觀察到呼吸，都不要去干涉，最多只是知道。吸氣，你知道。吐氣，你也知道。而你，竟然選擇不去干涉它。

最多只是透過認知，你輕輕鬆鬆知道。

就這樣，重複幾分鐘，你會發現呼吸自然輕鬆地慢下來，而且會變深，變長。

這時候，你選擇把注意力往後退。本來每一口呼吸，你都知道，而你現在選擇每一個呼吸都不去管它。

也就好像，你本來踏在呼吸上，跟著呼吸的波浪一進一出。現在，你輕鬆選擇不去管它，隨它，隨息。

你自然放過呼吸，進也好，出也好。接下來，呼吸跟你的注意力已經脫離開來，已經不相關，也就好像你已經管不了那麼多。

你不光可以放過呼吸，還可以放過一切。包括睡眠、失眠……全部，你都可以放過。

一切，都不值得你去注意、說明、分析、歸納、抵抗或不抵抗。

全部，你都可以放掉。

什麼念頭來，你都可以放掉。

你知道，一切都好。其實，沒有什麼東西你放不過。也沒有一樣東西，可以影響到你。更不用講，還有什麼東西可以折磨你，值得讓你把它當作一個問題。你輕鬆地讓念頭隨

時進來，隨時出去，甚至，連注意到它，或點到它，都懶得做。

你最多，只是選擇——放過一切。

——

這樣的練習，其實已經集中全部呼吸的法門。它首先要專注呼吸，接下來觀想呼吸，再接著放過呼吸。

這種方法，相當有它的力道。

我們可以隨時配合前面深呼吸的練習，先透過深呼吸讓步調慢下來，不斷在心裡重複「一切都好」。到這裡，再用隨息，來肯定這本書所談的觀念。

如果你睡不著，不要擔心。要有這個決心，不斷地重複隨息和一切都好的練習。不要急，最多只是重複再重複。這個練習為你的生命帶來的改變，會遠遠超過睡眠的作用。

你也可以選擇數息、觀息或其他呼吸的靜坐。每一個，都可以讓你一步步進入。最重要的是知道，沒有一個方法有絕對的重要性。給自己一點空檔和耐心，該做什麼呼吸的練習，也就自然會浮出來了。

08
態度，態度，態度，我指的是生命的態度

　　我在前面用了各式各樣的方法舉了那麼多實例，最多也只是來表達，不要只用悲觀或負面的態度來看睡眠。你可能認為，這些道理講一次就夠了，為什麼要再三地重複？

　　其實，要改變睡眠，也只是那麼簡單，我們只是透過一再地提醒，改變對生命的態度。

　　對生命的態度，不只是影響失眠，本身可以決定一切。我過去會用萎縮的狀態或萎縮體，來表達同一個觀念——也就是說，我們的生命原本是圓滿的，而我們生到這個世界本來是一個快樂、正向充滿希望的生命。但不知不覺，我們會往不完整、不圓滿、悲觀、痛苦、絕望、萎縮的方向來活這一生。情緒隨時萎縮，本身變成我們的過濾網，讓我們透過這種比較灰色、沒有安全感的鏡片，來看這個世界。

失眠，最多，也只是萎縮的結果。

甚至，我們過去自己透過不斷地洗腦，已經建立起一套完整的生命的看法，而這個看法通常偏向灰色、悲觀甚至是負面。我們從煩惱、不安、身心的失落、種種的挫折，不斷為自己建立起各種局限。面對樣樣，都認為不可能，也就自然把這種無能為力的態度轉移到睡眠。甚至，就連睡眠不好，也把它鎖定成我們一切問題的根源，或成了我們命不好的證據之一。還反過來認為只要睡不好，就非改不可，而且是要愈快改變，愈好。

但是，不管怎麼說，各種立即改變的方法，最多是改變症狀——我這裡稱為果（睡眠不好，是果，倒不是因）——而沒有真正追根究柢。

只要追根究柢，一個人自然會發現，睡眠最多只是在反映我們對人生、別人和自己的態度。不先去改這個態度，是不可能改善睡眠的。

我相信你讀到這幾句話，自然會說「我早就知道了」，畢竟聽我提過好多次。然而，我還是要再提醒一次，時時刻刻為睡多或睡少而操心，這種觀念其實是錯的，甚至反映了一個人整體心態是悲觀或負面的。美國的神經科學家溫特

（William Christopher Winter）也點出了失眠心態的兩大特色：一，過度在意睡眠；二，無論睡眠品質好不好，就是認定自己睡不好。

確實，從我個人的觀察，失眠的人對於自己睡眠的認知，常常不符合現實。舉例來說，到底睡了多久，他們記得的通常比實際時間短。就算大多數晚上還是可以睡 4 到 6 個小時，但他們可能還是會認為自己根本沒睡，好像心裡只看重最近睡不好的那一晚或幾晚。

通常，改善睡眠習慣，就可以相當程度改善失眠的問題。像是夜裡儘量減少光線和噪音，白天少使用酒、咖啡、少抽菸，多做點運動讓晚上自然感到疲倦。建立一個正向的態度，隨時做感恩的功課，回到心，不要讓樣樣的事情隨時把我們帶走。常常做深呼吸，長吸氣，長吐氣，隨時做一些練習，儘量讓副交感神經系統放鬆。我在這本書，會將有助於睡眠的各種生活習慣配合科學，為你做一個理論與實作的整合。

你如果本來有一些相反的習慣，比如說睡前習慣喝酒助眠，也許讀到這裡，會立即想要抗議。但是，我們只要仔細觀察，酒精短期內雖然會讓一個人放鬆而可以進入睡眠，但

長期使用的效果卻是剛好顛倒。

從我過去所接觸到的實例來看，只要徹底轉變生活的習氣，再加上調整面對睡眠的認知和心態，更重要的是，改變生命的觀念，失眠也就完全緩解掉了。

大多數人沒有想過，只是改變心態和想法，在臨床上改善失眠的效果，可以比藥物更好。心理治療近年應用廣泛的認知療法也強調，我們很多身心的困擾，是由錯誤的認知和想法所導致的。在操作上，認知療法會從認知的層面切入，改變我們對世界、包括人生的看法。舉例來說，面對失眠，認知療法會幫助失眠的人去找出自己內心對睡眠不合理的想法，並進一步改變生活習慣，而把睡眠找回來。

有科學家做了實驗，發現透過認知療法改變對睡眠的態度和想法，效果會比用藥好得多[1]。當然，如果你跟著這本書，尤其是這一篇的 7 個練習一路做下去，睡或不睡，很可能對你早就不是問題。失眠，其實沒有我們想像的那麼嚴重。

1　Jacobs, Gregg D., *et al.* "Cognitive behavior therapy and pharmacotherapy for insomnia: a randomized controlled trial and direct comparison." *Archives of Internal Medicine* 164.17 (2004): 1888-1896.

到了這裡，我也只能再一次強調，要改善失眠的問題，真正需要修正的是自己對生命的態度，對別人的態度，對自己的態度，對睡眠的態度。這一點，正是心理認知治療解決失眠的切入點。比起心煩意亂，我們其實可以不去反覆想睡不好會有多糟的後果，也可以試著減少對夜裡睡不著的恐懼，甚至進一步接受「有時候少睡一點，是完全正常的，並不會致命」。即使疲倦、脾氣不好，我們還是可以運作。尤其人體的彈性相當大，就算少睡一點，身體還是可以應付白天活動所需要的專注。

一般人很難想像──即使一整晚沒睡，但有休息，也並不是浪費時間。我多年也不斷強調，只要懂得透過靜坐把注意力集中，接下來，無論睡不睡，我們自然已經得到睡眠放鬆的效果。

透過新的心態和練習，我們睡不著的心理負擔，也自然減輕。這些話，不是理論，是每一個人都可以驗證的。當然，你去驗證時，也可能做到一半就睡著了，而沒有機會知道答案。然而，如果可以睡著，不也是很好嗎？

其實，如果能光是躺著，什麼也不做，這本身已經是我們透過睡眠想得到的休息。瑞士的神經科學家霍汀格

（Gilberte Hofer-Tinguely）透過實驗已經證明，就算沒有睡，只要有休息，對認知功能的改善，和睡眠是一樣有效的[1]。

在這裡，我想再進一步分享，失眠其實為我們帶來這一生相當寶貴的機會。讓我們透過這個主題，面對自己對這個世界、對週邊、對自身的認知。這種認知所帶來的考驗，影響力是遠遠大於失眠。從我的看法，這才是值得你我透過那麼多篇幅和練習來一起進行的功課。

有用的幾個重點：
- ✔ 我們過去從人生各種負面的經驗，不斷為自己建立各種局限，也自然把這種無能為力的態度轉移到睡眠。
- ✔ 改變自己對睡眠的看法和習慣，是徹底緩解失眠的方法。
- ✔ 即使躺著睡不著，也不用特別擔心，只要懂得集中注意力，也自然達到睡眠放鬆的效果。
- ✔ 我們負面的認知，對自己的影響遠遠超過失眠。失眠，可以是我們轉化自己的認知和態度最寶貴的機會。

---

1 Gottselig, J. M., *et al.* "Sleep and rest facilitate auditory learning." *Neuroscience* 127.3 (2004): 557-561.

【練習】
不加任何反應

假如你在前一章跟著做隨息的練習，不知不覺就會發現，一個人輕鬆面對生命，呼吸也會跟著慢下來。我們也就很自然進入隨息的狀態，甚至可以做到以下所講的練習：

我們躺在床上，隨時，讓念頭來，讓念頭走，都可以不去干涉。任何念頭，正向，負向，怎麼來，就讓它來吧，怎麼走，就讓它走。

我們試試看，看著各式各樣的念頭來來去去，可不可以不加任何反應，最多，我們只是單純地見證念頭來，念頭走。

做習慣了，我們自然會發現自己可以觀察到任何念頭，而同時也可以放過任何念頭。

當然，有時候念頭帶來相當負面的情緒，或是強烈的萎縮，會讓我們踩不了剎車。這是難免的，每個人都是一樣的。

到這裡，也就接受前面踩不了剎車，甚至可能有相當負面的念頭。

假如心痛，也就接受心痛。

假如有窩囊，也就接受心中的窩囊。

假如有悲傷，也就接受悲傷。

沒有安全感，也就接受自己始終沒有安全感。

有恐懼，也就接受自己有恐懼。

任何情緒，任何念頭，前面踩不了剎車的情緒和念頭都可以接受，而不斷接受現實，不斷體會到過去已經過去了，而現在重新開始。

重新開始，最多也只是接受。接受心中所帶來的任何考驗或變化。接受沒辦法睡著，接受有一個障礙在心中，叫做失眠。

這種練習，假如長期做，不光可以讓我們面對失眠，而你我也自然會發現睡眠的品質也跟著改。

甚至，我們面對白天的態度，也就跟著改了。

很多狀況，本來沒辦法接受，而現在透過簡單的深呼吸，長吐氣，再接下來，不斷地接受，我們也就比較好過

了。

一個人白天比較好過，晚上失眠的問題也自然減少。甚至，什麼叫做睡眠的問題，我們也自然知道它不存在，本身是頭腦投射出來的一種情況。

只要採用這種練習，不需要刻意去改變人生的態度，甚至不需要再對睡眠做一個好或壞的解釋，都不需要，它自然已經從失眠的根源著手。

我很希望，你不斷重複這一篇的 7 個練習。就像前面所講的，失眠的問題還算小，人生的問題才是大。這裡所講的練習，其實是面對整個人生的心態轉變。然而，也會把過去我們認為的失眠，做一個徹底的解答。

二、睡眠是什麼？

或許到現在，你心裡還一直認為，要解決或了解失眠，首先要了解睡眠。

然而，從我的角度來看，這種前提倒不是必要的。畢竟，睡眠是我們每個人都有的本能，並不需要懂了睡眠，才可以睡著。

你會發現，到現在，我還沒有開始從生理的角度解釋什麼是睡眠。一般睡眠的書籍可能會先集中說明睡眠的生理作用，尤其我個人有醫學和科學的背景，更應該如此。然而，我選擇用這種相反的手法。我相信你也已經發現，我想談的倒不只是睡眠或失眠，而是更大的意識層面。

對我，睡眠最多是一個意識轉變的工具，或說理解意識的門戶。如果這本書只集中在睡眠的介紹，也就失去了我的本意。

另外，你也可能發現，如果你認真做前面的 7 個練習，失眠可能也減輕了大半，甚至已經走出來了，倒不需要再鑽研科學的層面。但是，為了這本書的完整性，我還是希望你耐心讀下去。或許可以幫助你建立一點信心，而更肯定地繼續進行前面所講的練習。

但願你讀到這裡，已經可以解開個人失眠的問題。甚至，你會希望用你的方法去幫助有失眠的朋友。如果能夠做到這一點，這本書的目的也就達到了，而我最多也只能為你高興。

01
腦波的發現

　　無論從科學和醫學的角度來看，現代人一直相當清楚睡眠的重要性。睡眠，不光對記憶、學習、創意和情緒有一個主要的作用。包括在運動領域，也有相當多的研究，來強調睡眠和臨場表現的關係。

　　不只如此，睡眠有一種充電甚至療癒的效果。這種療癒不光是對頭腦的運作有幫助，而且讓身心每一個角落都獲益。

　　以前的人都知道，有時候遇到了事，索性蒙頭大睡，不光感冒等等的不適會好轉，就連慢性病也跟著好了。一般人也會說，遇到煩心的問題，還不如乾脆就把它睡過去。不光頭腦的煩惱可以得到最好的解答，有時候，身體也會得到療癒。

　　然而，這些流傳了千百年的常識，雖然大家都採用，倒

是沒有具體的根據。一直到 1924 年，
一位德國的心理醫師博格（Hans
Berger, 1873-1941）發明了測量腦波的
腦電圖設備，才改變了一切。

　　在介紹博格的科學發現之前，我
想先講一個小故事。相信很多讀者可能也會好奇，像腦電圖
這麼重大的突破，怎麼不是由正統的神經生理學家來發現，
而竟然是由一位心理醫師帶出來？

　　博格本來在東德中部的大學城耶拿（Jena）主修數學，
這個大學城出過相當多科學和文學的知名人物，包括量子物
理學家薛汀格。博格本想成為天文學家，但第一個學期剛
過，他反而放棄學業從軍去了。

　　在軍營裡，有一次進行馬術練習時，他騎的馬突然兩個
後腳站起來，把他摔到地上。相當驚險，幸虧沒有受到重
傷。沒想到，家鄉的姊姊雖然離他幾十公里遠，卻突然有一
個直覺，知道他有危險，央求父親打電報去詢問他的情況
（別忘了，當時沒有手機，也不可能發簡訊）。

　　這一次意外，當然讓年輕的博格很震撼。但是，更震撼
的是，他的姊姊為什麼會得到這樣的靈感？博格在 1940 年

這麼寫「在生死關頭的那一瞬間，我大概把自己的意念轉達了出來，而姊姊和我很親近，也就自然成了這個念頭的接收者。」

退伍後，他忘不了這個經歷，自然想去讀醫學，希望能找到這種感應的生理機制——也許是腦部某個區域的運作，可以和個人的靈感或感應能力連結起來。

博格 1897 年畢業後，表現相當優秀，不到 40 歲就成為最高階的主任醫師。在 1927 年，成為耶拿大學的校長。1924 年，他發現了腦電圖的現象、技術和設備。就連腦電圖（electroencephalography）這個詞，也是他發明的。

腦電圖的操作很簡單，最多只是把一些電極貼到頭皮上，不會疼痛，也沒有侵入性。雖然電極和大腦皮質的神經元之間，還有頭皮和頭骨的阻隔，也難免受到肌肉牽動和外

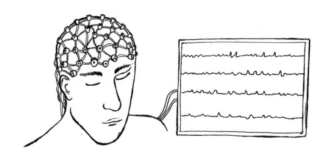

在環境的干擾，但是，還是可以測到一些很小的電壓變化。

這些電壓，其實是頭腦的神經元透過神經傳導作用所釋放出來的，是一波一波發生。到了頭皮，我們測到的最多只是很小的訊號變化。然而，就從這些小小的變化，一天下來，還可以觀察到各種狀態（包括睡眠）的腦波形態都不一樣。如果一個人的左右腦失衡或是有癲癇，也可以從腦波看出異常。

當時，博格覺得很不可思議。這些現象實在太重要了，他花了整整 5 年反覆確認，才發表第一篇腦電圖的論文。

我以前很喜歡跟年輕人分享這個故事，希望大家對待真正重要的研究或是足以得諾貝爾獎的重量級發現，要格外慎重。現在的研究人員受到升等和經費申請的壓力，有時候即使在克服一個相當有分量的題目，也等不及把完整的推論驗證完成，就要搶時間分段發表，好像捨不得把各方面的證據累積起來，做一個真正有深度、有重量的突破。

博格明明是一位心理醫師，卻發明了腦電圖。這個事實相當有趣。畢竟，一般的醫師和生物學家會認為心理醫師的科研基礎不夠扎實。反過來，心理醫學界也會嫌他不夠正

統。博格的論文發表之後，過了大概十年，其他主要的實驗室陸陸續續重複了他的發現，腦電圖的研究才開始被大家接受。

博格不光是發明測量腦電圖的設備，還發現一個奇妙的腦波模式，是每秒振動 9 ～ 14 次的 α 波，也有人用他的名字稱為博格波（Berger wave）。我在《靜坐》、《不合理的快樂》和《短路》介紹身心變化時，也常提到 α 波。博格除了發現 α 波，代表一般清醒狀態的 β 波也是他發現的。

我們一般清醒的狀態，腦波的頻率是比較快的，例如每秒振動 14 ～ 30 次的 β 波和每秒振動 30 次以上的 γ 波。相較之下，α 波算是比較慢的腦波了。

早期的科學家並不知道有 γ 波，是腦電圖突破了類比設備的上限，科學家才「看見」了 γ 波，並且體會到這是代表一種高度清醒的專注狀態。γ 波的狀態，有人認為就是心流。此外，還有昏沉入睡的 θ 波（每秒振動 4 ～ 8 次），以及深睡狀態的 δ 波（每秒 1 ～ 3 次）。

很有意思的是，不同型態的腦波，其實是因為腦電圖設備改進才發現的。我時常說，我們觀察的工具，限制了我們所能夠看到、體會到、理解的。限制腦科學家的，是腦電圖

的設備。限制我們每一個人的,是五官和頭腦。

　　三十多年來,我每次談到靜坐可以讓腦波變慢,也一定會談到 α 波。一個人在休息或靜坐的過程,腦波自然會慢下來,而在清醒或動的時候,腦波會加快。當然,博格還沒來得及進一步發現腦波的諧振現象(coherence)。諧振,也就是腦部整體的電波達到同步。這是透過靜坐,可以在頭腦達到的。一樣地,我過去在《靜坐》用很多篇幅解釋過,透過同步的諧振,身心可以最不費力地運作。

　　1938 年後,世界各地最有成就的腦科學研究者,也開始用腦波幫助診斷,而使得腦電圖變成一門顯學。相信你讀到這裡,會覺得博格應該得諾貝爾獎才對。可惜,他沒有。

　　博格一生經歷了兩次世界大戰,而兩次戰事都有參與。以科學家來說,相當可惜。這樣的背景,讓他擺脫不了政治上的爭議。我相信,這是他沒有得到諾貝爾獎的主要原因。

　　諾貝爾獎的遺珠之憾,其實不在少數。我在《真原醫》提過,當年在洛克菲勒實驗大樓從事研究工作時,和馬卡蒂(Maclyn McCarty)相當要好。他其實是 DNA 的發現者,但是,諾貝爾獎卻在 1962 年給了解開 DNA 分子 X 光結構的

華生和克里克，沒有他的份。他的一生，雖然因為這些突破得過大大小小的獎項，但始終與諾貝爾獎無緣。

有用的幾個重點：

✓ 有了腦電圖的發現，睡眠才正式變成一個科學的領域，可以重複驗證。

✓ 跟一般人想的不一樣，並不是生理學家發現了腦電圖，而是一位心理醫師博格發現的。他很慎重看待這個現象，反覆確認，經過 5 年才發表出來。

✓ 我們腦波的快慢，會自然反映我們清醒、休息放鬆的狀態。愈清醒，腦波愈快。睡眠愈深，腦波愈慢。

✓ 透過靜坐，我們不光可以讓腦波慢下來，甚至可以讓腦波達到同步。身心的同步，是我們最不費力的狀態。

02
從睡眠看夢

　　我相信，你讀完前一章，會自然發現，我畢竟從事了多年的科學研究，就連寫書，也不想放過一些學術上重要的突破。當然，這個習氣現在稍微有點改進了，雖然還是科學，但會多談一些背後的故事。

　　回到睡眠，博格的實驗室和後來各地的科學家都發現，人即使睡著了，腦部還是有電波的活動。倒不像過去的人所認為的，腦在睡眠時完全是靜止的，或最多只是一種從世界退出的狀態。

　　有了腦電圖，我們終於有工具可以了解腦部各種狀態的變化，甚至去掌握變化的原則和規律。1950 年代開始，睡眠實驗室非常活躍，科學家請人來實驗室過夜，在受試者頭皮上貼電極，記錄一整晚睡眠過程的腦波變化。

　　從這些腦波變化的研究，得到最明顯的發現是——不光

是我們前面提過，古人睡眠是分段的，就連從腦波來看，我
們的睡眠確實是分段的。一整晚的睡眠，大約要經歷 4 到 5
次重複的週期。每個週期大概接近 1 個半到 2 小時。這是大
致的情況，但我還是要提醒你，每個人的情況不一樣。有些
人多，有些人需要的少。

　　重要的是，就像以下這張圖所表示的，每個大約 90 分
鐘的週期，又可以分成兩大部份。這兩大部份的分界是很有
趣的，是用睡著後眼睛的動作來區分。一個稱為快速動眼期
（rapid eye movement, REM），另一個就是**非**快速動眼期（簡

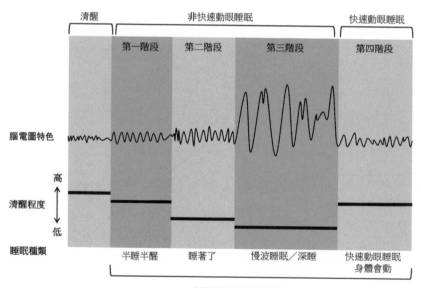

夜間睡眠的90分鐘循環

稱 non-REM, NREM）。

　　我們假如整晚沒事，觀察家人或朋友睡覺，自然會發現並不像我們想的那樣，人睡著了就面無表情。有些人睡著後表情還相當豐富，時而皺眉，時而吞口水，有些人還會說話，甚至拳打腳踢。在其中，有一個特殊的現象：我們有時候會看到睡著的人，雖然眼睛閉著，但是他的眼珠子在眼皮下滾動，速度還很快。就好像雖然睡著，卻還在頭腦裡忙碌地看著什麼。這個現象，睡眠科學家也觀察到了，也就是前面所稱的「快速動眼」。

　　這種快速動眼睡眠是非常普遍的，不光人類有，就連其他哺乳類動物和鳥類都有。也許你還記得，小時候看著家裡的貓狗睡覺，非但一樣會動眼睛，還會在睡夢中低聲嗚嗚叫。更有意思的是，在人類的例子裡，如果在快速動眼睡眠中把人叫醒，這個人通常會說他正在做夢。

　　其實，你光是看前面這張圖，就可以知道快速動眼睡眠只佔了整個睡眠週期的 1/4 左右，並不是睡眠的主要部份。在我看來，它會引起關注，最多只是有眼球的動作、有做夢，而讓科學家把注意力不成比例地放到這一個部份。接下來，我還會再解釋為什麼在這個階段有動作，而好像更容易

做夢。

其實，**非**快速動眼的睡眠，佔據了整個睡眠週期的 3/4，可以說才是主要的部份。就像這張圖所顯示的，從腦波的變化又把**非**快速動眼睡眠區分出 3 個階段。隨著 3 個階段（早期也有人說 4 個）一一深入，睡得愈沉，愈難叫醒。

睡眠是有深淺的。我們大概都有過這種經驗，睡得很沉，不要說鬧鐘，就連地震、飛機或消防車的聲音都聽不到。但是，也有時候睡得很淺，就連冷氣、電風扇或房裡一點動靜，都可以把我們叫醒。

從這張圖我們可以看到，從醒著到進入睡眠，是先經過**非**快速動眼的睡眠，睡到最深最深，才進入快速動眼睡眠。

快速動眼睡眠的現象，是在 1953 年由現代睡眠研究之父克萊特曼（Nathaniel Kleitman, 1895-1999）和他的學生發現的。他們很快就發現了這種睡眠和做夢的關連。

克萊特曼是在蘇聯出生的猶太人，老家位於現在東歐內陸摩多瓦共和國的首都。第一次世界大戰期間，歐洲大陸掀起一波反猶太的浪

潮。他從蘇聯輾轉流亡到巴勒斯坦，再到美國。他對意識的研究特別感興趣，而且認為要懂意識，要從睡眠無意識的層面著手。從他後來所達到的成就來看，就好像是這一生的顛沛流離和考驗，讓他的注意力一心落在眼前的研究。我相信，在各領域有成就的人物，不少人和他有類似的經歷。

克萊特曼到美國之後，他的研究生阿瑟林斯基（Eugene Aserinsky, 1921-1998）發現自己的兒子睡著時，眼睛會在眼皮下來回動得很快。這也引發了克萊特曼的好奇，立刻回家去觀察自己的女兒，而在 1953 年用「快速動眼期」來描述睡眠中的這個現象。

後來真正把「快速動眼期」研究透徹，甚至讓睡眠研究成為一門顯學的，是克萊特曼的另一位學生德門特。這位德門特，也就是我在第一篇提到人可以多久不睡的故事裡，為當時還是高中生的嘉德納做紀錄的史丹佛大學科學家。他建立了快速動眼睡眠和夢的連結[1]，後來又做了一些詮釋，比如說眼球快速的滾動，其實是睡著的人在做夢時看到一些東

---

1 Dement, William, and Nathaniel Kleitman. "The relation of eye movements during sleep to dream activity: an objective method for the study of dreaming." *Journal of Experimental Psychology* 53.5 (1957): 339.

西，眼睛才會動。

然而，夢，在睡眠中都有，就連**非**快速動眼期的睡眠也有[1]。但是，在快速動眼睡眠中特別豐富而逼真，而讓我們醒來後還記得。此外，快速動眼期是最淺的睡眠階段。一個人進入快速動眼睡眠後，通常再幾秒也就醒了。也因為如此，我們才有做夢的印象。

最有意思的是，在快速動眼睡眠中，我們身體肌肉的張力很弱，甚至好像癱瘓。這是腦部最下方的腦幹有一個「肌力壓抑」的機制，將我們隨意肌（用意志力可以控制的肌肉）活動都壓抑下來了。只有這樣子，一個人在做夢的時候，才不至於手舞足蹈，或把夢裡面更激烈的動作帶到現實。有些人因為各種原因失去這個機制，在睡覺時動作很劇烈，甚至要用繩子把自己綁住，或者把自己裹在睡袋裡，才不會讓自己或身邊的人在睡夢中受傷。

這些發現，對我們而言，也不過就是幾段話，還佔不到一章的篇幅。然而，別忘了，在科學領域，每一個發現，再

1　Foulkes, William David. "Dream reports from different stages of sleep." *Journal of Abnormal and Social Psychology* 65.1 (1962): 14; Siclari, Francesca, *et al.* "The neural correlates of dreaming." *Nature Neuroscience* 20.6 (2017): 872.

怎麼微不足道，都是透過數不完的實驗和觀察，點點滴滴的努力和心血，才累積出來的結論。

比如說肌肉張力在快速動眼睡眠受到壓抑的現象，最早是一位法國的科學家朱維（Michel Jouvet, 1925-2017）[1] 在 1959 年用手術刀切斷貓的腦幹神經，才發現這個壓抑肌力的機制。這些貓的腦幹神經被切斷後，睡覺時肌力不再被壓抑。這一來，他們睡夢中動作變得很大，有時還會跳起來，甚至會跑。好像不是在抓老鼠，就是在逃命。

肌力壓抑的現象，其實我們多少都體驗過。有時候，也許是疲勞、失眠、睡不好，人剛醒過來時會覺得自己動不了，好像被一個很重的什麼壓住。甚至有些人會覺得全身麻痺。當然，有人會說這是「鬼壓床」，做各種層面的解釋。然而，對研究睡眠的科學家而言，更可能是身體還來不及退出肌力壓抑的狀態所導致的。

1　Jouvet, Michel. *The Paradox of Sleep: The Story of Dreaming.* MIT Press, 2000.

有用的幾個重點：

✓ 從腦波來看，一整晚的睡眠可以分成 4 到 5 個循環，每個
循環是接近 1 個半到 2 個小時。

✓ 每個循環中，可以再依照眼球的運動與否和腦波的特色，
區分成快速動眼睡眠和**非**快速動眼睡眠。

✓ 一個人在睡眠中，眼睛正在快速轉動，如果這時候被叫
醒，他通常會說他在做夢。

✓ 一個人在快速動眼睡眠中，雖然腦波動得很快，但身體的
肌肉受到壓抑，反而沒有力氣。

✓ 夢，其實不是快速動眼期才有。只是我們比較容易記得這
時的夢。

✓ 科學研究是點點滴滴的累積，再微不足道的現象，都要經
過反覆的驗證。這一點，也是科學家最可愛的地方。

　　你可能發現，我在這一篇還沒有帶出練習。主要的考慮還是希望給你時間，讓你進入第一篇的 7 個練習。這些練習，只要做，一定會有效果。

　　我知道，看書的步調通常比練習快，然而，這些練習，其實比這些章節的內容還更重要。我會建議，每個練習至少持續一星期，才能達到一定的熟練度。

　　在這裡，再一次提醒你，隨時記得深吸氣、深吐氣，記得感恩的功課。

03

夢

　　我知道，如果談夢，只談到這裡，你可能認為不夠過癮。畢竟，對睡眠，你能記得的，大概也就是夢。過去，你或許也讀過或接觸過不少夢的詮釋，都在強調夢的重要性。確實，講到夢，可以談的不只是快速動眼睡眠，還有夢在心理層面的意義，甚至對人生是不是有什麼代表性。我相信，這是每個人都想知道的。

　　夢，是睡眠中不由自主產生的一系列心理影像和身體的覺受。前面提過，睡眠的每一個階段都可以有夢，但是只有快速動眼睡眠的夢比較鮮明豐富，而容易被記得。一般來說，一個晚上，我們會有 3 到 5 次夢，大概每 90 分鐘一次。一場夢的長度，可以短到幾秒。長的，也許有 20 分鐘。

　　科學家透過整夜的腦電圖觀察，在每個睡眠階段把人叫醒，發現**非**快速動眼睡眠其實也會做夢。或許可以說，夢可

能是一種很基本的腦部功能。然而，我們一般人醒來後，或許 5 分鐘不到，就會忘記一半左右的夢；可能不到 10 分鐘，就幾乎要全忘了。要是前一天晚上沒睡飽，或趕著起床出門，會忘得更快。在睡覺時，頭腦的短期記憶是不活化的，我們才記不得大多數的夢，最多是記得比平常更激烈或醒來前才做的夢。

大多數文化都有類似的傳說，把夢當作是一種與靈或神直接交流的管道。就像把夢當作通往另一個世界的門戶，而且是屬於靈的世界。古希臘人就相信，夢代表了直接由神明傳遞而來的訊息。就算不是神或靈要轉達的訊息，對古人而言，夢好像還可以預測命運，也就重視解夢。

直到十八世紀西方啟蒙運動興起，對理性的需求才逐漸取代了對夢的重視。後來，沒有想到，佛洛依德在幾十年後，又把夢的重要性帶回來。他甚至設立了一套完整的解析，把夢裡的一切都當作象徵，而每個象徵都有意義。也就這樣子，對大眾文化和心理學影響了幾十年。

佛洛依德認為，夢可以揭露一個人內心隱藏的衝突，而這些衝突是難以在一般社交情況表達，或是太痛苦而記不得，只能透過夢當作一個出口。他相信這些過去的難題會改

頭換面在夢裡出現，如果將這些夢做一點適當的解釋，或許可以幫助當事人釋放心理壓力，為問題帶來一點線索，解開恐懼、焦慮，甚至療癒心理和生理的疾病。

當然，並不是每個科學家都能接受佛洛依德的理論。對有些科學家而言，夢，只是腦部隨機的作用。當初定出DNA 結構而得到諾貝爾獎的克里克，後來也投入了意識的研究。克里克透過電腦運算的模擬，也建立了自己的夢的理論[1]。他認為腦部透過學習累積了太多資訊，自然要有一個清理的程序。在這個清理程序中，腦想要刪除的連結和資訊，就變成了夢。從這個角度來說，夢沒有什麼特殊的意義，最多只是正常腦部作用的副產品。夢見，好像是為了要忘記。這種解釋，雖然可能讓人失望，但想想那些雜亂而很難記得的夢，這種說法也有它合理之處。

你可能還記得克萊特曼的學生德門特，他先證實了快速動眼睡眠的腦部作用和清醒狀態類似，並不是什麼深刻的作用。此外，科學家也發現，夢並不是人類才有的本事，鳥類和哺乳類動物也一樣會做夢。愛唱歌的斑胸草雀（zebra

---

[1] Crick, Francis, and Graeme Mitchison. "The function of dream sleep." *Nature* 304.5922 (1983): 111-114.

finch）會在睡夢中重複剛學到的新曲調 [1]，老鼠也在夢中重複白天走迷宮的過程 [2]。你絕對想不到，為了證明睡覺和做夢是一種很普遍的生物現象，還有科學家去量測蜥蜴的腦波，而發現它們的腦部睡著了一樣有快速動眼睡眠、深睡各階段的波動 [3]。對這些科學家來說，夢，是一種純生理的現象，最多像是從白天的生活「下線」後，腦部繼續進行練習，而不見得帶有什麼更深的意義。

至於夢的內容，也可以從神經科學來解釋。舉例來說，控制情緒和記憶的位置，也就是我之前常提到的情緒腦——邊緣系統（包括杏仁核和海馬迴），在快速動眼睡眠和做夢時，作用是相當激烈的。同時，負責理性控制的前額葉，則相對不起什麼作用。光是這些腦區的運作，或許已經可以解釋為什麼大多數的夢都集中在我們熟悉的人事物，而夢的內容往往不理性，沒有合理的情節。

---

[1] Dave, Amish S., and Daniel Margoliash. "Song replay during sleep and computational rules for sensorimotor vocal learning." *Science* 290.5492 (2000): 812-816.

[2] Louie, Kenway, and Matthew A. Wilson. "Temporally structured replay of awake hippocampal ensemble activity during rapid eye movement sleep." *Neuron* 29.1 (2001): 145-156.

[3] Shein-Idelson, Mark, *et al.* "Slow waves, sharp waves, ripples, and REM in sleeping dragons." *Science* 352.6285 (2016): 590-595.

有意思的是，正是因為夢見的通常是熟悉的人事物，才
會讓我們在夢中覺得夢是真的。美國西儲大學的心理學家霍
爾（Calvin Hall）歷經 30 年研究，整理了男男女女的 15,000
個夢，包括夢的場景、有幾個角色、每個角色的性別、對話
內容、夢裡的情節是舒服的還是嚇人的[1]。他發現，大多數
人的夢都是可預期的，而且通常反映了當天或前幾天生活裡
的事。就像古人說的「日有所思，夜有所夢」，成年人夢到
的多半是在家裡或辦公室的熟人，小孩子會夢到動物……然
而，夢確實也帶著象徵的意義。舉例來說，夢裡的陌生人幾
乎都是不懷好意的。

夢也許就是一種腦部的基本運作，幫助我們記得、分析
並解釋生活中的遭遇。在夢裡重演白天的事件，就好像重新
理解這些事件的意義，也同時幫助改善記憶、學習和一個人
適應環境的能力。從這個角度來看，我們可以把夢當作是一
種大腦模擬現實生活的方式，準備我們面對未來，或在心中
預先測試各種可能。

---

[1] Hall, Calvin S. "What people dream about." *Scientific American* 184.5 (1951): 60-63; Hall, Calvin S., *et al.* "The dreams of college men and women in 1950 and 1980: A comparison of dream contents and sex differences." *Sleep* 5.2 (1982): 188-194.

除此之外，我認為比較重要的是，夢可以是一種減輕焦慮的方式。我常常提到恐懼和萎縮是二十一世紀人類疾病的最大根源。夢，可以是我們生活負面情緒的一個出口。

確實，在霍爾的調查中，也發現絕大多數的夢是不愉快且負面的。為什麼？有些心理學家認為，透過腦部的處理，夢將焦慮與恐懼和我們本來就知道的事件混合起來，可以減輕恐懼[1]。從這樣的角度，我們可以把惡夢當作是一種安全的釋放強烈情緒的方法。有些神經心理學家採用演化的理論，認為夢可能是一種演化留下來的機制，幫助我們從過去的恐懼經驗中學習，而能面對危險和威脅[2]。

情緒力道很強的人生創傷，例如分手、離婚、親人過世、車禍，甚至會讓有些人一輩子走不出來。這些事比較容易記得，通常也會讓身體分泌腎上腺素，而促使腦部在夜裡再一次回顧這些創傷。身體或心理受到很重的創傷的人，可能會有一陣子都睡不好，甚至被惡夢驚醒，在睡眠中突然哭

1　Nielsen, Tore, and Ross Levin. "Nightmares: a new neurocognitive model." *Sleep Medicine Reviews* 11.4 (2007): 295-310.

2　Revonsuo, Antti. "The reinterpretation of dreams: An evolutionary hypothesis of the function of dreaming." *Behavioral and Brain Sciences* 23.6 (2000): 877-901.

喊著醒過來。就好像痛苦重到連睡眠都消化不了。

芝加哥聖路加醫療中心（St. Luke's Medical Center）的科學家，追蹤了一群離婚女性的夢，觀察到離婚後恢復最好的女性，比起沒有恢復過來甚至陷入憂鬱的女性，通常知道自己有做夢，而且夢比較長、比較複雜，混雜著剛發生的新鮮記憶和過去的舊經驗，就好像在透過夢去消化心理上的創傷[1]。

對一些心理學家來說，有些惡夢，就像一種夜間本來就會發生的心理治療。生活裡的難受，與腦海裡的記憶混合攪拌。混合再混合，情緒上的衝突和壓力也就被沖淡，不那麼強烈了。他們也認為，快速動眼睡眠是一種調控情緒的睡眠，讓我們在整合記憶時，同時清除裡頭所含的情緒[2]。

也許我們可以這麼說，夢反映了我們日常所遇到的問題。包括煩惱，會透過夢來化解掉。我們其實沒有必要去一一深入解讀每一個夢，反正它自然會消化掉清醒時來不及處理的情緒的結。

[1] Cartwright, Rosalind D., *et al.* "Broken dreams: A study of the effects of divorce and depression on dream content." *Psychiatry* 47.3 (1984): 251-259.

[2] Goldstein, Andrea N., and Matthew P. Walker. "The role of sleep in emotional brain function." *Annual Review of Clinical Psychology* 10 (2014): 679-708.

其實，這幾十年的研究，並不見得真的推翻了佛洛依德的理論。對一個心理有嚴重障礙的人，夢，確實可能反映他過去所遇到的狀況，而且是非常隱秘，連當事人可能都不記得的創傷。透過夢，這些失落不斷重複自己，就像想要找一個出口。現代的心理學家也試著透過夢，幫人理解自己的焦慮，而進一步透過認知和生活型態的轉變，從無意識的焦慮和恐懼走出來。

———

從我的角度來看，這些惡夢，其實不需要去刻意消除，也不需要去猜測它代表什麼。只要給自己一點空檔，不要去追究惡夢的內容，也不急著讓自己多睡多少小時。單純地知道自己做了惡夢，知道自己睡得不好，而讓它這麼發生，這麼過去。接下來，自然會發現，也許還是有惡夢，但是夢裡的情緒已經開始慢慢減弱。

至於各種關於夢的理論或解讀，我認為最多也只能做個參考，沒有哪一個說法有全面的代表性，而值得特別去追究。如果過分強調夢境的意義，反倒可能會透過一再的惡夢，不斷地強化過去某一個悲傷或是失落的經驗。也就這樣子，不斷加強一個負面的迴路，讓人愈來愈當真，愈難走出

來。

如果對夢境的內容過度在意，不光不能透過夢來解答現在的困境，反而還可能加強了本來就有的創傷和痛苦。其實，你會發現，想要解開痛苦，沒有必要重複夢或任何經驗。經驗，包括夢，是重複不完的。我們要先解開自己的心態，才可能解開惡夢。這時候，必須要跳出自己現有的生活框架，才可以解開創傷，從失落走出來。

我個人幾十年觀察下來，總覺得過去心理的療癒太集中在解釋夢和情緒的體驗，想透過夢或這些經驗，讓過去的創傷消失。我認為這並不是容易的取向，對我們任何人來說，這種心理受傷的體驗都可能是數不清的，就是釋放一個，又會有別的。

反過來，我認為比較重要的，也是「全部生命系列」的重點，是我們徹底往內心反轉，往上游追求，追究這些創傷的來源。而透過這種追求，我們才可以徹底地處理夢或傷痛，而將我們對生命的看法做一個徹底的調整。只有這樣子，我們才可能把睡眠的品質徹底轉變。

這個過程中，如果有失眠，跟我在《真原醫》講的任何身心狀況其實都一樣，要全面地來面對，而不是把失眠獨立

出來，當作一個最嚴重的問題來談。反過來，我很有把握，透過種種生活習慣的改變，失眠自然會跟著改善。

在我看來，夢本身也是一個頭腦的產物，倒不需要用其他的道理來解釋。我們自然都經驗過，在做夢的階段，頭腦其實還是很活躍。這一點，也反映在前面提到的腦波的反應上。後來的科學家也指出了一種自動運作的機制——「腦部預設系統」，隨時都在隨機地產生念頭、反射、各種習慣和本能反應。在這種運作下，腦部並沒有辦法真正休息。

從生命更深的層面來看，夢最多是幫助我們整合，面對生命的不均衡，緩解恐懼。此外，夢沒有更深的意義。反倒是只有在無夢的深睡，一個人才可以直接放鬆，而得到最大的休息。

你會發現，我為什麼要不斷強調無夢深睡的重要性，希望用各式各樣簡單而隨時可用的方法，把你我的注意力擺到無夢的深睡，倒不是再讓我們把注意力集中在夢。對我，夢和平常清醒的狀態是分不開的，同樣都是頭腦在運作。假如一個晚上的夢，我們把它稱為小夢，最多，只能把一天下來表面上清醒的狀況，稱為大夢。

我們認為這個世界很理性，其實是和夢一樣地不理

性。然而，這種理性的架構，是透過人的邏輯在做衡量，而人的邏輯或任何可以表達的邏輯，本身只是在一個狹窄的範圍在運作，沒有什麼獨立存在的重要性。既然我們的人生完全落在一個狹窄的軌道運作，我們自然只會認為白天一般「清醒」的印象是合情合理，而根本不會想去懷疑。

透過「全部生命系列」的作品，我不光希望可以把身心的均衡（包括好睡）找回來，而接下來更重要的是，可以讓我們從夜晚的小夢和人生的大夢醒過來。

有用的幾個重點：

✓ 夢，似乎是一種很普遍的腦部運作程序。不只人，動物也會做夢。

✓ 對我們來説，夢，是來整合白天和過去的經驗，做重新的排列。也有人認為，夢，只是大腦運作的副產品。

✓ 睡眠中，除了無夢的深睡，其他階段都有夢。只是我們比較容易記得快速動眼期的夢。

✓ 生活中的焦慮和恐懼，可能會換個方式從夢裡浮出來。這或許是大腦消化負面情緒和恐懼的方式。

✓ 只有在無夢的深睡，我們才可能達到真正的休息。

✓ 從我個人的看法，夢沒有更深的意義，最多是反映一天下來的均衡或不均衡。要面對心理的創傷，我們反而是要追求意識的根源，才可以徹底讓我們的人生（包括睡眠）得到全面的轉變。

✓ 站在「全部生命」來看，夜裡睡著和白天清醒，都一樣是夢。只是一個短，一個長。放過這兩種夢，也是我們這一生最大的功課。

04
睡眠的過程

克萊特曼相當長壽，活到 104 歲。夢與快速動眼睡眠的話題正熱門時，他已經 70 幾歲。很難得的是，到了近 90 歲高齡，他頭腦仍然清晰與穩定，可以寫全面性的綜論，總結了他後來投入的「基礎作息週期」觀念二十多年的發展[1]。100 歲時，他參與美國睡眠學會的年會，在兩千多名專家前，回顧了自己早期對睡眠研究的熱情，所面對的困難，以及對睡眠研究領域茁壯至今的感嘆。

克萊特曼和他的學生德門特的表達能力相當強，讓睡眠研究成為一股風潮。再加上快速動眼睡眠這個主題和夢有關，大眾自然會相當感興趣。我記得大概在七〇、八〇年代，很長一段時間，媒體只要談到睡眠，不免都要談夢。一

1　Kleitman, Nathaniel. "Basic rest-activity cycle—22 years later." *Sleep* 5.4 (1982): 311-317.

談夢，自然就開始講快速動眼睡眠，就好像它才是睡眠的主
角。

　　一開始，為了研究快速動眼睡眠，德門特設計實驗，
把一個人在快速動眼期中叫醒，連續好幾天。接下來，這
個人的睡眠如果不再被打斷，快速動眼期的時間比例自然
會變高[1]。後來有些科學家就用這個現象，來強調快速動眼
睡眠是不可或缺的。

　　但是，如果你仔細看，會發現其實睡眠的每個階段都重
要，並不是單單一個快速動眼期重要。對這個階段的重視，
多少是大家都好奇夢，和睡眠本身不見得有真正的相關。德
門特當初是由快速動眼期進入睡眠研究領域，自然也用快速
動眼睡眠，當做睡眠階段最主要的分期。然而，從我的角度
來看，把一個只佔睡眠時間 1/4 的階段，變成了主要的分
類，多少是高估了快速動眼睡眠的重要性。

　　為了方便，我們把這張睡眠階段的圖再帶回來。在看腦
電圖時，我們要觀察的重點有兩個：腦波上下變化的幅度，
和振動的頻率。

---

[1]　Dement, William, Stephen Greenberg, and Robert Klein. "The effect of partial REM sleep deprivation and delayed recovery." *Journal of Psychiatric Research* 4.3 (1966): 141-152.

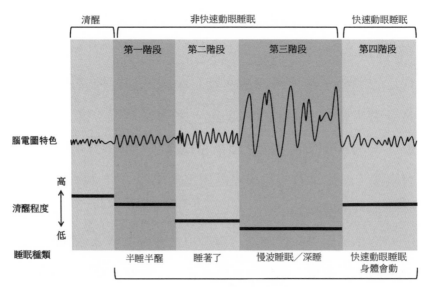

你會看到，快速動眼睡眠和第三階段的深睡，在腦電圖
上有顯著的差異。快速動眼睡眠的腦波更接近清醒狀態，好
像沒有在睡。在快速動眼睡眠中，腦的耗氧量、呼吸、心跳
等等數據在整個睡眠中也是偏高的，和清醒狀態已經相當接
近。除了還在睡之外，快速動眼睡眠和清醒狀態的主要差異
其實在於，身體的肌肉這時是沒有力氣的。這就是我在第二
章提過的「肌力壓抑」機制，讓我們在快速動眼睡眠中不會
亂動。有時候，我們在半夢半醒間也會體會到一種癱軟無力
的感覺。

　　過去有人把快速動眼睡眠稱為「矛盾的睡眠（paradoxical sleep）」——好像不是睡眠，但又可以達到睡眠的效果。也有人把它翻譯成不同步的睡眠，是在表達身心已經快要清醒，但又還沒有醒，這種將醒未醒之間的不同步。

　　對我個人而言，從休息的深度來看，其實一向是**非快速動眼睡眠**比較重要。尤其，是透過深沉甚至沒有夢的睡眠，我們才可以得到徹底的休息，甚至讓身心自然療癒。後人的研究，也是證明如此。

　　雖然我們看不見大腦內部發生了什麼事，但腦波的變化其實相當明顯，從每秒振動 30 ～ 100 次的 γ 波、每秒振動 14 ～ 30 次的 β 波，到每秒振動 9 ～ 14 次的 α 波，甚至更慢的 θ 波和 δ 波。腦波不光是變慢，而且開始逐漸同步起來。同步，就是不同區域的腦波都一致化，也代表更深的休息程度。

　　非快速動眼睡眠的**第一階段**，是一種半睡半醒的狀態。在這個狀態，一個人慢慢的失掉知覺。我相信，每個人都察覺過這個經過，有時候是突然失掉，有時候是慢慢的失掉。周邊的印象變得模糊，呼吸和心跳自然慢下來，頭腦和代謝也陸陸續續變慢。在這個階段，身體還是會動。仔細觀

察，大概每半個小時，身體會挪動一下。

非快速動眼睡眠的**第二階段**，人已經失去意識。這時候，我們已經真正睡著了，完全不知道週邊發生什麼事。同時，肌肉的活動和張力更弱，腦波則進入每秒振動 4 ～ 8 次的 θ 波。最有意思的是，我們自己並不知道是怎麼從第一階段的半睡半醒，突然落到第二階段的睡眠。就我的觀察，還沒有見過誰可以突然知道自己是什麼時候睡著的。

非快速動眼睡眠的**第三階段**，已經是一種深睡。我們的腦波變得更慢，到了幾乎快要停下來的地步（δ 波，每秒振動 1 ～ 3 次）。身體的所有功能，包括呼吸、心跳、體溫都降到最低。

這時候，要把一個人叫醒，是相當難的。在深睡中被叫醒的人，反應會很遲鈍，要很長時間才能恢復正常的運作。如果從這個階段醒來，最好能夠給自己一點時間慢慢醒，然後再去開車或工作，或從事其他需要專注的事。反過來，在快速動眼睡眠中把人叫醒，或許不那麼難，但是被叫醒的人通常會覺得情緒受影響。

在深睡中，腦波變慢的同時，波幅也變大了。就好像原本零星發射的神經元，組合成了整體。這個整體沉穩地一同

呼吸，一起波動。另一方面，在這種深睡中，身體的代謝、血液循環和呼吸的波動已經降到最低，接近我常常講的根本態（ground state）。

這個根本態，本身就是靠身心每一個角落自然的統一和同步，來輕鬆地運作。對我而言，不光是靠步調慢下來，還需要是同步，才能讓頭腦和身體得到那麼大的休息和充電。這也是我透過靜坐想帶大家進入的狀態。假如一個人長期睡眠不足，首先要補回來的，就是這種最深層的睡眠。

說了這麼多，現在我們要進入一整晚睡眠階段的圖。這張圖第一眼看到會讓人覺得相當複雜，如果你也覺得眼花撩亂，不知道從何下手，這是很正常的，讓我們一步一步慢慢來。

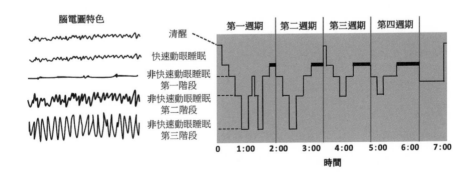

　　左邊是腦電圖的紀錄，從上至下分別是——清醒、快速動眼睡眠以及 3 個**非**快速動眼睡眠階段。前面提過，腦電圖看起來很複雜，但操作上是很簡單的——只是把一些電極貼到頭皮上，去「竊聽」腦部內部的活動。就像我們隔著木板牆，雖然聽不到隔壁房間的人對話的詳細內容，但是可以大概知道動靜。

　　我們看圖的右邊，自然發現這個睡覺的人，大約在 7 小時內完成了 4 個週期。而睡眠階段的變化，就像我們先前提過的。我們本來是清醒，很快進入熟睡，快速動眼期則是在每個週期的結尾出現，就像是睡眠週期的句點。比較有意思的是，隨著我們睡眠「進度」的進展，睡了一個再一個週期，快速動眼睡眠所佔的時間會愈來愈長。

　　如果一個人進入了睡眠的第一個階段（半睡半醒），腦波已經開始慢下來，波幅也變小。再往下，振動變得更慢，但波幅變大。

　　到了第二個週期完成時，大概是在入睡後 3 個多小時左右，我們可以看到圖上有一個凸出來的區域，超出了快速動眼睡眠的狀態，而進入清醒的領域。我們很多人都有這種經驗，睡到半夜，好像有點醒過來，但還很容易再入睡。如果

這時候反而睡不著，我們也就開始擔心自己失眠。

雖然前面談了很多快速動眼睡眠的部份，但其實，我在這裡談睡眠週期的研究，是為了說明──**非**快速動眼睡眠是更重要的。只要看第一個週期，就會發現我們的身體首先要快速達到最深的休息，才能將時間和能量撥給快速動眼睡眠。

第一個睡眠週期裡，我們在**非**快速動眼的深睡階段停留最久。接下來的週期，深睡的長度才會慢慢減少。也就是說，不光**非**快速動眼睡眠重要，而且是第三階段的深睡最重要。好像身體要先滿足第三階段的深睡需求，才可以停留在第二階段的睡眠和第一階段的淺睡。這些都夠了，才停留在做夢。

這一點，可能跟一般人的想像與普遍的說法都是顛倒的。

講的更透明，我們可以看到睡眠是分段的，一層層更深，而且很快就達到最深層。然而，如果休息夠了，也是一層層變淺。

這個觀念相當重要，我們的睡眠主要是為了得到深層的休息，才會這麼排列。而且，是在第一個週期就要完成一個

完整的**非**快速動眼睡眠。希望你下次叫醒別人時，要記得這一點。

當然，我們說深層睡眠比起淺睡和快速動眼睡眠，更有絕對的重要性，也是太過於簡化的說法。我們通常說的一夜好睡，除了看深睡夠不夠，也還看深睡和快速動眼睡眠的比例是否適當。

如果多半都是易醒的淺睡，或睡眠總是被打斷，也就讓我們的深睡時間變短，而讓我們覺得累，情緒不穩定。我們也就會說，這是失眠的現象。

有用的幾個重點：

✓ 在過去，快速動眼睡眠雖然抓住了媒體的焦點，但它其實只佔睡眠的 1/4。其他的時間，都是**非**快速動眼睡眠。

✓ **非**快速動眼睡眠中，深沉甚至沒有夢的睡眠，頭腦和身體的作用不但降到很低，還能進入同步，而讓我們得到很深的休息。

✓ 反過來，快速動眼睡眠時，雖然身體的肌肉受到壓抑，不會隨便亂動，但種種生理現象都很活躍，包括腦波，也已經接近清醒的狀態。

✓ 睡著時，是一層層深入，休息夠了，再一層層變淺。

✓ 從睡眠週期的變化看來，就像身體要先滿足第三階段的深睡需求，才可以停留在第二階段的睡眠和第一階段的淺睡。都夠了，才停留在做夢。

✓ 為了讓我們得到睡眠的休息，我會繼續介紹怎麼建立好的睡眠環境，以及全面調整生活習慣，包括面對睡眠的心態。

【練習】
在生活習慣上，做一個調整

其實，面對失眠，我們採用各種生活習慣的調整，也就可以不費力地解決。至於如何進行環境和生活習慣的改變，我會陸陸續續徹底說明。但是，我還是要強調，第一篇的 7 個練習是最關鍵，是我們隨時都要做的。不只睡前做，甚至一整天都應該做。

你需要自己多下功夫。這一點，沒有人可以替代，我最多是在這裡點出一個訣竅。透過這些練習，改變的不光是睡眠品質，還是這難得的一生。

是的，每一個人的睡眠狀況和需要都不同。沒有一套作法完全適合每一個人，我們要自己去實驗不同的方法。可能讓你驚訝的是，光是從這一章的腦電圖（137 頁），我們就可以找到解開睡眠問題的一把鑰匙。

怎麼說？

我們看這個腦電圖，也會發現睡眠在持續 3 ～ 4 小時之後，自然會變淺。那時候，本來就比較容易醒過來，這是身

體自然的運作。前面也提過，一個人不見得需要勉強睡 8 小時。夜半醒來，我們大可完全把它當作自然現象，不需要認為這有什麼問題，不需要給自己壓力，更不需要加上一個「我睡不好」或「我失眠」的念頭。

夜裡醒了，有必要的話，可以上洗手間，喝點水，或完成一點工作。古人也是這麼做，而沒有什麼東西叫失眠。

我也想提醒你，這時試著做前面的功課。無論深呼吸、觀想、隨息或是感恩的功課，都可以幫助自己在心情上做一個大調整。這麼做，睡或不睡也就沒有壓力。甚至，沒有睡著的這一刻還值得我們歡喜，因為終於有機會練習。

我們知道，這些練習不光是為了面對睡眠，還是為了人生。自然會珍惜每個機會，包括睡眠中的空檔。假如沒有這個心態，而是睡眠一中斷就恐懼不安，那麼，最好還是回到第一篇的幾個功課。只要做，自然也就把心調整。

我們只要堅持下去，不斷回到練習，重複再重複。這一來，我們自然會發現，夜裡醒來也不需要起身，而是可以很順地把睡眠延續下去。

然而，就算做不到，也沒有關係。沒有什麼事，包括練習，有絕對的重要性，值得我們擔心和煩惱，再帶給自己一

層不必要的憂慮。

其實，反倒是我們過度擔心，才有一個失眠可談。

我還是要提醒你，這裡所講的，你最多當作一個建議。無論做或不做，都沒有關係。最重要的，還是給自己一點時間，重複第一篇的 7 個練習。

把基礎打穩，接下來才能一起深入睡眠與生命真正重要的課題。

05

深睡時，發生了什麼？

　　深睡，也就是前一章提到的**非**快速動眼睡眠的第三階段，是最深的睡眠。在這個時候，身體的所有運作都降到最低，可以說是進入一種最深的休息狀態。

　　從腦電圖的特色來看，深睡，又稱為慢波睡眠（slow wave sleep），也就是在這個階段，腦波變得非常慢，甚至出現了愈來愈多的 δ 波。希望你還記得 δ 波是最慢的波，每秒振動 1～3 次，一個人在昏迷時的腦波就是這個頻率。這種波，在正常狀況下，只有在深睡時才有。

　　當 δ 波佔了腦波的一定比例，例如 20%，甚至超過50%，代表腦部愈來愈多的腦細胞在同步地慢慢振動。很有意思的是，這種同步，是自然而然不費力的。如果有一點費力，也就不能稱為深睡了。

　　一個人如果睡不夠，隔天自然會有比較多的深睡，直到

睡得夠了，尤其是深睡足夠，快速動眼睡眠才會增加。然而，一個人刻意睡得比平時更久，不見得會有足夠的深睡。不過，如果睡得少，隔天卻沒有疲憊的感覺，也許就是深睡足夠了。

深睡時，腦部的代謝和血液流量都會下降，大概只到平時清醒狀態的 75%。從意識的層面來說，深睡本身就是一個相當明顯的「超常意識狀態」（altered state of consciousness）。這個詞，過去也被用來描述透過靜坐或藥物所進入的意識狀態。然而，大多數人都沒想過，不需要藥物，也不需要刻意練習，我們的身心本來就知道怎麼進入這種狀態。

我過去不喜歡用「超常意識狀態」這個詞，尤其 "altered" 在英文裡含著「異常」的意思，好像這種狀態不正常。事實剛好相反，從我的角度，這是我們最不費力、最根本的意識狀態，才有那麼大的修復的作用。這一點，是我透過「全部生命系列」不斷重複的。

深睡，能讓頭腦從平常運作恢復過來。包括支持神經系統運作的神經膠細胞（glial cell）也在深睡中補充糖類，來提供腦部運作所需的能量。

這裡提到神經膠細胞，其實它就是腦部的纖維母細胞

（fibroblast）。1980 年代，我剛從洛克菲勒大學的布朗克實驗大樓四樓遷到二樓，負責一個獨立的實驗室。我當時很年輕，身邊的同事都非常資深而已經相當有成就，例如 1972年定出抗體結構而得到諾貝爾獎的艾德曼（Gerald Edelman）的實驗室就在九樓。而神經膠細胞，正是艾德曼得獎之後去鑽研的領域。

纖維母細胞，是人體最普遍存在的細胞。過去，一般人都把纖維母細胞和神經膠細胞當作是一種輔助、支持的系統，只扮演次要的角色。然而，從分子醫學的角度來看，它具有身體其他所有細胞的潛能，就類似於胚胎的幹細胞。

回到睡眠，其實，我們進入深睡，生長激素的分泌會達到最高，交感神經的作用也會下降，讓副交感神經系統的放鬆作用浮出來，而把交感與副交感神經系統的平衡找回來。或者，再換句話說，也就是讓我們身心完全放鬆——對我而言，這才是最重要的作用，而是我在這本書想要多談的。

反過來，假如我們在清醒的時候，以各種方法活化副交感神經系統，讓身心放鬆，我們不只睡眠會比較好，還更容易進入深睡。這一部份，我在這本書還會繼續深入。

值得注意的是，這一章談的深睡，其實包括了兩個層

面。一個是有夢的，另一個是無夢深睡的狀態。前面也提過，夢，不是動眼睡眠的專利。在**非**快速動眼的睡眠，其實也有夢，只是我們通常不會記得。

無夢的深睡，是我透過「全部生命系列」特別強調的一個狀態，也就是前面所講的根本態。這種狀態不光讓我們身體達到徹底的休息，它本身也是最原始的狀態，接近我過去所講的「覺」。這種覺，倒不是覺察到什麼，而是輕鬆的、根本的覺。這種狀態，本身帶來解答人生的一個重要的鑰匙，我會在下一本書《清醒地睡》表達得更清楚。

深睡的狀態，讓腦部所帶來的休息和恢復的作用，其實對學習和認知是相當有幫助的。然而，這一點，可能和大多數華人所相信的，剛好相反。華人在學習上相當強調苦讀的重要性。甚至推崇古人讀書為了怕睡著，把繩子一端綁在頭髮上，另一端綁在屋梁上，只要打瞌睡，頭一低，也就痛醒過來了。不只如此，還有故事很生動地描述，古人讀書時在手上拿一把椎子，只要一眍，就往大腿上刺下去。總之，就是不讓自己睡著。

這種例子，我們現在也許會覺得太極端，是很遙遠的古人才這麼做的。但是，仔細體會我們對孩子的要求，也不見

得比古人輕鬆到哪裡去。現代的教育透過不斷補習再補習，用各種大考、小考、指考、學測衡量學習成果，自然給學生帶來壓力。壓力大了，孩子睡不著，難免想透過熬夜，在短時間內集中學習。但是，考完之後，也就把所學的內容給忘記了。

我們有時擔心孩子不夠聰明，總想幫孩子安排一切。卻忘了孩子其實一點都不傻，他本來就可以找出自己的一條路。舉例來說，從學習的角度來說，並不是熬夜苦讀就能學得好，反而是愈輕鬆，學習的效果愈好。

該睡，就去好好休息。科學家透過實驗證實，剛學會一種數學解題法就去好好睡覺的人，比起沒有睡的人，更可能自己找出比較簡單的解法。如果我們看過一組數字後，就去好好睡一覺，也更容易察覺數字之間的微妙關聯[1]。我們以為學習會在睡眠時中止，大概沒料到，睡眠反而可以提升認知和解題的能力。

我因為多年在教育界的機緣，也常常和同事分享——每個人往往是在最輕鬆的狀態下，心甘情願投入學習，而且可

1　Stickgold, Robert. "Sleep-dependent memory consolidation." *Nature* 437.7063 (2005): 1272.

以得到結果。甚至，我們在輕鬆的心情下接受到的資訊，反而是最難忘的。想想我們自己，在當學生的時候，會選擇投入一個領域，可能是因為在修這門課時，老師的態度讓我們覺得很輕鬆，很自在，而且還讓我們學得更好。心裡沒有障礙，沒有壓力，也自然讓我們想投入。

　　我也一直主張，給孩子的教育，除了專業的訓練，更要配合文學、藝術、哲學的素養。也要給學生一定的彈性，讓他可以輕輕鬆鬆學得好，而走出自己的一條路。但可惜的是，在這一點上，我的想法和一般的教育家（尤其在亞洲）都是顛倒的。但是，只要我們仔細觀察身邊的孩子和他們對教學的反應，就會發現，我這裡所講的是再合理不過了。

　　很有意思的是，有些強調創意的企業也知道適當休息的重要性，還會在辦公室設立小睡專用的區域，讓員工在白天需要時可以小睡一下。這麼做，不只是為了讓員工精神飽滿，還是希望他們可以更快找出解決方案，提出更有創意的作法，也就是一種正向管理。我自己也認為，要帶動團體，最好採用正向鼓勵和稱讚的作法。透過正向的管理，不只是讓人放鬆，更影響環境中每個人一天的心情，甚至影響一個人對人生的看法。

　　我們可能認為，只有人可以透過整合而從經驗中學習，其實，動物也是一樣。美國柏克萊大學的神經科學家進行了老鼠走迷宮的實驗[1]，每次只要老鼠找到出口，就給它一些甜點作為獎勵。這種實驗，對研究認知功能的科學家而言，可以說是家常便飯。許多對記憶和學習功能的重大發現，就是科學家在讓老鼠不斷走迷宮的過程所歸納出來的。接下來，他們觀察這些老鼠進入迷宮的腦部變化，發現每次老鼠找到出口，就會活化腦部一組特殊的神經細胞。當天晚上，老鼠深睡之後，也會活化同一組細胞，但活化的速度比白天清醒時更快。就好像老鼠雖然睡著了，還在不斷重複尋找出口。經過深睡活化腦部細胞，隔天，老鼠找到迷宮出口的速度也更快，效率更高。

　　威斯康辛大學麥迪遜分校的睡眠研究專家也提出，深睡的慢波可能是在清除神經之間的連結，而慢波中有時會爆發出一種既短又快的腦波（又稱睡眠紡錘波，sleep spindles）則將短期記憶轉成長期記憶[2]。換句話說，在深睡中，睡眠

1　Walker, Matthew P., and Robert Stickgold. "Sleep-dependent learning and memory consolidation." *Neuron* 44.1 (2004): 121-133.

2　Tononi, Giulio, and Chiara Cirelli. "Sleep and the price of plasticity: from synaptic and cellular homeostasis to memory consolidation and integration." *Neuron* 81.1 (2014): 12-34.

紡錘波就像把資訊從電腦的記憶體寫入硬碟，將原本只是暫時使用的短期記憶，變成固定在腦海裡的長期記憶。而另一方面，深睡的慢波好像可以洗掉多餘的神經連結，讓隔天又是一個全新而乾淨的開始。

這些結果都在暗示著，透過睡眠，尤其是深睡，可以重新建立神經的連結，重新塑造我們的大腦，而改善記憶力，帶來學習的效果。深睡，就像是一座橋梁，將短期記憶整合到長期記憶，讓我們得到更大的藍圖。

其實，類似的實驗是數不完的。過去科學家也試著用各式各樣的生物來做研究，用幾本書都講不完。也許你還記得，我在《全部的你》提過，如果我們要突破，一定要跳出既有的框架，站在更高的階層來看眼前這同一個主題。深睡，透過全部的休息，不光可以強化記憶和學習的迴路，讓人可以更容易調出記憶。透過更深的無夢深睡，更是完全跳出眼前任何邏輯帶來的思考範圍，只有這樣子，才可以突然跳出原本的範疇，而帶給我們「突破」。

深睡不光是影響記憶和學習，更是對我們腦的架構不斷地重新設定。也許你還記得，我在《靜坐》將這種機制當作神經迴路的強化。也就是透過不斷地強化一個路徑，去建立

新的迴路。而這種迴路的強化，是在最放鬆的休息中，比如睡眠或靜坐所達到的。

我也提過，要改變種種的習慣或習氣，最輕鬆的方法是建立新的神經迴路。也就是在最不費力的過程，讓身心找到阻力最小的路徑。這種阻力最小的路徑，其實就是螺旋。就連整個宇宙的成立，也是透過螺旋的方式而爆發出來的。

當然，回到深睡，除了認知和學習，它還帶來其他層面的整頓和淨化。這一點，我接下來會繼續談。

有用的幾個重點：

✓ 深睡，為頭腦帶來最深的休息。

✓ 深睡讓頭腦恢復過來，科學家認為是從神經細胞的層次，重新塑造我們的大腦，而有助於記憶的整合與學習。

✓ 其實，我們都一樣，是在身心最放鬆的狀態下學習，才會難忘。

✓ 深睡，透過全部的休息，不光可以強化記憶和學習的迴路。透過更深的無夢深睡，更完全跳出眼前任何邏輯所帶來的思考範圍。這種「突破」，我希望每個人都能親自去體驗。

✓ 要改變習氣，最重要的是讓身心找到阻力最小的方式，進而建立新的迴路。

06
睡眠帶來的恢復力

除了學習，其實好睡或深睡對我們身心其他層面的影響也相當大。任何人如果長期睡不好，只要有一夜好眠，都能感受到睡眠所帶來的休息和回春的力量。

雖然這麼說，我認為這種感受上的差異，是這幾十年才愈來愈明顯，最多也只是反映我們平常生活步調太快，讓人過度緊張，才會讓我們覺得睡和不睡好像天差地別。如果我們能夠在白天隨時進入放鬆的狀態，不光是讓我們可以好睡，而且睡和不睡之間的差異，也不會被過度強化。

過去談睡眠，都會採用一些運動員的實例。職業運動員無論在心理和體能上的消耗，都是一般人難以想像的。一般在國外喜歡舉的例子，像是拿下 5 次超級杯冠軍的新英格蘭愛國者隊四分衛明星布雷迪（Tom Brady）每天晚上 8 點半就要準時上床睡覺。在不流行橄欖球的地方，也許會說拿下

20 座大滿貫的網球選手費德勒（Roger Federer）每晚需要睡11 到 12 小時，來避免累積運動傷害。喜歡看 NBA 籃球的人，自然會談詹姆斯（LeBron James）在賽季中每晚要睡 12個小時，而奈許（Steve Nash）在出賽前一定要睡午覺，來提升自己的表現。

　　我認為值得注意的是，這些實例反映的都是快步調、大量消耗心力和體能的運作，而需要透過睡眠克服激烈運動所造成的耗損。如果都用這類極端的實例來談，反而讓我們一般人認定非多睡不可，甚至還認為沒有睡這麼多就好像少了什麼。

職業球員的睡眠 (A) 新英格蘭愛國者隊四分衛明星布雷迪（Tom Brady）(B) 瑞士網球選手費德勒（Roger Federer）(C) 美國籃球明星詹姆斯（LeBron James）(D) 加拿大退役籃球明星奈許（Steve Nash）

　　當然，透過職業運動員的實例，我們也可以談談睡眠和生理代謝的關係。講到代謝，我想先做一點簡單的介紹。人類的代謝，一般分成兩種，一個是同化作用（anabolism），另一個是異化作用（catabolism）。這兩個作用，是以我們人體的組織和結構為中心來談的。

　　小孩子在成長的過程，主要是進行同化作用，把外來的能量和營養轉化成身體的組織。我們自己還是個孩子時都經驗過，隨著身體在抽高、在長大，似乎總是吃不飽，就好像身體還需要更多更多，來讓自己生長。異化作用則剛好相反，一個人老化、生病，甚至這個肉體生命快要離開人間時，全部的組織不斷地在消耗和分解，也就透過能量散失掉了。

　　我們年輕時，不怎麼費力，肌肉量就會自己上升。年紀大了，反而會發現再怎麼運動，肌肉增加的效果似乎有限。此外，我們每個人只要生病，也都自然會發現體重會降低，而身體自然需要補充什麼東西。這就是同化和異化作用的平衡在變化。

　　睡眠，會讓身體進入同化作用，讓身體組織修復和還原。大多數人都沒想過，我們身體內部隨時都在產生傷口，

最普遍的就是肌肉。只要肌肉動，就有肌纖維局部斷裂。斷裂的地方，需要再生，在我們睡著時慢慢地恢復。

此外，你我大概也都體會過，只要有點感冒的症狀，再加上一個晚上睡不好，隔天就真的感冒了。反過來，就算已經有些微感冒的徵兆，經過一晚好睡，感冒也會自然消失。透過睡眠，身體好像能重新整頓自己。

身體的生長激素，也是透過深睡才會釋放。我們也許都聽過這種誇張的表達——小孩子睡一晚，就長高一寸。這種保健的智慧，確實在每個文化都有。睡眠中釋放的生長激素，其實影響到我們全身每一個部位，不光促進肌肉骨骼的成長，組織的修復，免疫力的提升，還會加快吸收和排放的代謝，讓細胞能夠複製。它本身就帶來一個長生不老的作用。

我們很少想到，通常是透過睡眠，身體才會放鬆。趁著身體運作降下來，才有時間和空檔讓身體從各部位排出廢物。這些各式各樣的廢物，都要從細胞裡面放出來，透過淋巴和血液循環排放出去。其中，所謂的「活性氧類分子」（reactive oxygen species）和自由基（free radicals）是比較有害的。然而，這些物質，在細胞的能量生產和消耗過程中，隨時會產生。它們就像炸藥的引信一樣，可能在細胞裡引發

過度的氧化反應，而造成傷害。

　　過去，相當多科學家投入這個領域，透過各式各樣的實驗，發現這些代謝的廢物自然會讓細胞老化，甚至可能與細胞功能重要的大分子，例如 DNA、RNA、蛋白質產生作用。專家們也從這些成果，自然體會到「抗氧化」的重要性。我在《真原醫》不斷強調從各個層面抗氧化的關鍵，一般人最能夠掌握的，當然是從飲食著手。我們的身體從水果、蔬菜以及我所稱的「調理素」（包括微量元素），最容易得到抗氧化物質。

　　然而，如果我們睡不夠，腦部會累積各種代謝的產物，包括這裡講的自由基和活性氧類分子。這些物質會和重要的生物大分子反應，而傷害腦部的細胞。如果我們要抗氧化，不是光從食物補充，而最好是運用體內本來就有的天然抗氧化機制，也就是睡眠。深睡時，代謝的速率下降，讓這些氧化物質的生成減緩，而讓腦部可以清除已經發生的自由基，這可以說是一種對腦部先天的保護。

　　雖然我們知道睡眠對於休息、恢復、代謝都有相當大的影響，但我還是要再一次表達，真正的平衡，其實是把白天和晚上的落差降低，而不是在白天緊張過度，完全依賴晚上

的睡眠來補救。反過來，最好是白天的時候，我們就懂得放鬆，達到身心的均衡，而自然不會對睡眠有特別的期待，更不會因此給自己身心再加一層壓力，而不斷地擔心萬一晚上睡不著怎麼辦。

我們再想想，度假時，也只是把步調放慢，根本不會擔心睡眠，甚至不會想到「該不該睡」或是「萬一睡得好或不好怎麼辦」。心態完全轉變，失眠的問題，似乎也就失掉了。

身體會透過淋巴和血液去排除廢物，腦也有一套自己的淋巴系統[1]。但是，這樣好像還不夠。在腦部，還有一個額外的排除廢物的機制，就像是在腦細胞裡有一個全面的潮汐作用，透過腦內液體的漲落，真正深入到腦內每一個細胞去清潔。這個系統包括了前面提過的神經膠細胞，而又稱為「膠淋巴系統」（glymphatic system）[2]。

腦其實含有一個透明的液體叫腦脊髓液，就像右頁這張

---

[1] Louveau, Antoine, *et al.* "Structural and functional features of central nervous system lymphatic vessels." *Nature* 523.7560 (2015): 337; Aspelund, Aleksanteri, *et al.* "A dural lymphatic vascular system that drains brain interstitial fluid and macromolecules." *Journal of Experimental Medicine* 212.7 (2015): 991-999.

[2] Nedergaard, Maiken. "Garbage truck of the brain." *Science* 340.6140 (2013): 1529-1530.

圖淺藍和深藍的區域所
示，環繞著腦和脊髓的
組織。過去，我們會以
為這個液體最多只是做
為保護腦和脊椎的緩
衝，就像用水溫柔地捧
住腦，免得這麼柔軟的
組織在頭骨裡摔壞了。

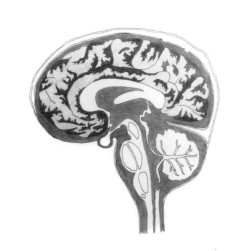

沒想到，等我們睡著了，這個液體還會大量進入腦的組織，
就好像在整體地沖洗白天頭腦運作累積下來的廢物。

　　最重要的是，腦部的這個清理系統在睡眠時，清理效率
比醒著時高出 60%[1]。腦部的清理程序，大部份都是在夜裡
睡眠時發生。這個過程會讓腦細胞和細胞之間的液體量加
倍，並且帶到腦內的深處，等於在腦中造出了一套臨時的運
河系統。就像威尼斯的運河，把小城的每個角落都連起來。
不同的是，威尼斯運河是人造的系統，而腦內是天然的系
統。我們清醒的時候，腦細胞之間液體的流動是受限的，是

1　Xie, Lulu, *et al.* "Sleep drives metabolite clearance from the adult brain." *Science* 342.6156
(2013): 373-377.

等我們睡著後才開始流動，從腦部移除代謝的廢物。沖洗後，還會將廢物堆積到靜脈週邊，透過頸部的淋巴把它帶走。

我們的頭腦，一天運作下來，自然會累積一種物質叫做 β-澱粉樣蛋白（beta-amyloid protein）。這種蛋白質，已經證實和阿茲海默、巴金森氏症這類神經退化疾病有關。我們前面提過，大腦會趁我們睡著了，執行清理廢物的作用。很有意思的是，對於本來健康沒有事的小鼠，如果把 β-澱粉樣蛋白注射到小鼠的腦部，腦自然會有一套有效率排除它的本事。深睡時，排除的效率尤其最高[1]。

我對於這類體液的清理作用，在過去一向特別感興趣，也在《真原醫》裡提到，身體裡的水不只是在血液裡，其實藏在淋巴和細胞裡的水是遠遠更多。舉例來說，一個 50 公斤的人，70% 都是水，也就是有 35 公升是水。這些水，只有 5 公升在血液裡，而其他 30 公升在細胞和淋巴裡各佔一半。

---

[1] Iliff, Jeffrey J., *et al.* "A paravascular pathway facilitates CSF flow through the brain parenchyma and the clearance of interstitial solutes, including amyloid β." *Science Translational Medicine* 4.147 (2012): 147ra111-147ra111.

　　身體代謝留下的廢物假如不排放出來，都會累積在細胞和淋巴。多年來，我認為幫助身體排除廢物，對健康是格外重要的。尤其患有慢性病的朋友，更應該注重。關鍵在於，我們隨時讓身體裡的液體保持流動，來幫助排除代謝的廢物。

　　除了飲食、心態的調整，我還建議每個人要透過運動（徹底的健身、有氧運動和拉伸）來促進淋巴流動。此外，我也在許多場合帶出古印度醫學 *Ayurveda* 的淨化法，例如在台北的「身心靈轉化中心」教同仁用特別的油，來做淋巴調節。透過運動和被動的按摩，儘量把我們身體體液的微循環徹底動起來。

　　腦部膠淋巴系統的重要性，也是如此。是透過體液的流通，我們才可以達到徹底的淨化，甚至休息。其實，一個人不一定要到深睡才等到這個作用發生。從我個人的看法，淨化是隨時都要做，而且隨時都可以做。

　　要達到徹底的淨化，我也特別強調靜坐的作用，尤其是透過靜坐達到同步和諧振。也就是把全身變成單一的波動，而且讓每一個角落都是相連的，就好像連排除的方向都變得一致，才可以徹底讓細胞液做一個交換。

當然，你一定時常聽到，長期睡眠不足會影響一個人對週邊、對環境、對情勢的判斷，讓人更容易不理性、焦慮而恐懼，而產生脫序的行為。這種說法確實有一定的正確性，畢竟任何長期的失衡，都會影響到情緒。不光睡眠有影響，我們的其他生活習慣（包括飲食、生活快步調）造出來的情緒失衡和緊張，作用都可能更大。

一般睡眠的研究或介紹，會強調睡眠不足所帶來的慢性病，包括神經退化等。但我總是認為，什麼是因，什麼是果，不見得是清楚的。也就是說，睡眠不好，可能最多反映身體有些狀況，倒不一定是慢性病的根源。

我們仔細推敲，雖然在失眠或睡眠這個主題有相當多的科學研究，但多半也只是提到睡眠或失眠和其他現象是不是一起發生。也就是說，其實睡眠和各種現象之間的因果關係並沒有真正被解開。

在這些報導的推廣下，很多人理所當然地認為失眠是樣樣的因，而把一切的不順利、不愉快完全推到失眠上頭。然而，從我的角度，睡多少或失眠，最多只是一個生活上的習慣。這個習慣，可以影響到其他的身心狀況。反過來，其他身心狀況也會影響到它。

假如我們不斷強調失眠的負面，不光無法解決失眠帶來的負擔，反而還讓負面的影響擴大，而自然讓我們最後只好向藥物求助，用更激烈的方法來解答。

然而，我在這裡要表達的，並不是絕對不要用藥。真正的重點在於──面對任何問題，其實都有一套整體的解法。包括失眠，也是如此。人是多層面的組合，除了生物、化學、生理的層面，也還有情緒、念頭等等的層面。

我不只很少強調睡眠和疾病的關係，也還會勸睡眠不足的朋友，不要去煩惱這些。尤其對年紀大的朋友，睡眠減少是一個自然的週轉，去煩惱它，反而是不知不覺給自己增添更多壓力。反過來，我認為，最多知道睡眠對身體是有恢復或療癒的作用，也就夠了。

無論如何，我們身體的彈性是相當大的。重點倒不是期待睡眠來解決我們一切的問題，而是反過來，用白天的時間，隨時得到一個休息舒暢的狀態，把這種落差減少。這樣子，一個人也自然從失眠的困擾走出來了。

有用的幾個重點：

✓ 睡眠，會讓身體進入同化作用，讓組織修復甚至成長。

✓ 深睡時，自由基和氧化物的量因為代謝下降而自然降低，
腦部膠淋巴系統也會將腦脊髓液滲透到腦內每一個角落，
清理白天頭腦運作留下來的廢物。

✓ 身體本來就有的抗氧化和清理機制，我們不但可以透過深
睡而作用，甚至也可以透過靜坐放鬆而運作的最好。

✓ 我不斷強調，不是只靠睡眠來休息，而是從白天就進入放
鬆的狀態。這麼做，我們不光可以好睡，更不會過度緊張
睡和不睡之間的差異，而可以恢復真正的均衡。

三、全身每個細胞同步的運作

前面談過科學家的習氣，到這裡，我也發現自己捨不得不再深入睡眠的相關機制，比如說——生理週期的運作、身體內分泌的轉變、太陽對我們生理週期和睡眠的影響、大腦怎麼保持清醒⋯⋯

這方面的專業書籍，通常很早就要切入這些機制。不過，你還是可以放輕鬆。我會選擇到這裡才開始談，一方面是不希望這本書太過艱澀，另一個考量是，從我個人的看法，就算知道這些細節，也不一定為失眠的問題帶來什麼直接的幫助或解答。只是為了這個主題的完整性，我還是有必要帶出來。

當然，我會儘量用我的方式來解釋理論。更重要的是，我也會提出一些練習，來搭配這裡所談的科學。

01
生理的時鐘

　　接近三百年前，法國的天文學家和地球物理學家迪米宏
（Jean-Jacques d'Ortous de Mairan, 1678-1771）發現植物白天
會伸展葉子，晚上會收起來。坦白講，這種知識，其實已經
是人類上千年的常識。但是，他透過實驗，再加上妥當的紀
錄，也就可以讓其他科學家一起驗證。迪米宏把植物帶到閣
樓照顧。結果發現，在不見天日的閣樓，這些植物的葉子還
是會在白天打開。也就好像這些植物隱約有一點時間的觀
念，即使沒有直接晒到太陽，好像體內有一個內建的時鐘，
知道一天什麼時候開始，什麼時候結束。

　　科學家後來才發現，所有的生物都有一個內在的機制可
以體會到時間，讓細胞和身體跟著一天 24 小時的韻律來運
作。2017 年的諾貝爾生醫獎得主，也正是 3 位研究生理時
鐘的科學家。

其中，楊恩（Michael Young）和我一樣在紐約洛克菲勒大學任教。當時，我帶領分子免疫實驗室的時候，楊恩已經在做分子遺傳的研究。我和布洛貝爾一同負責細胞生物學的課（布洛貝爾後來拿下 1999 年的諾貝爾獎），就請楊恩來為一二年級的研究生演講。這樣的講座，有時候可以講上 5、6 個小時，大家都相當投入。

楊恩當時講他自己的研究經歷和成果，儘管他年紀很輕，我們都知道他早晚會拿諾貝爾獎。他和同儕開創了「時間生物學」這個領域（chronobiology），也就是探討時間在生物內怎麼運作，而生物要如何克服時間帶來的變化。他的主要發現是，就連生物的內在時鐘，都是受到基因所控制。身體的很多基因，到最後會產生蛋白質。然而這些時鐘基因的蛋白質產物，本身會回頭把自己基因的活性給降下來。就是透過這種「生起⟷下降」的平衡，維繫生物的內在時鐘順著一定的韻律來運作。這樣的週期，後來稱為日週期（circadian rhythm）。

這種機制，是每一種生物都有的。但是，就像我在《時間的陷阱》所談的，只有人，會把一個單純的生存機制，變成一個壓倒性的機制，而帶給自己那麼多的問題，包

括失眠。

我剛到洛克菲勒大學時，學校每年收的博士班學生，不會超過 15 個。總體來看，老師的人數遠比學生還多。是學生挑老師，還可以更換指導教授。校方對學生的重視和尊重，我在全世界沒看過第二個例子，這也是我認為最成功的一點。雖然洛克菲勒大學只是一個小型生醫研究機構，所得到的諾貝爾獎按人數比例來看，卻比其他名校都多。加上楊恩，現在已經出了 25 位諾貝爾獎得主。

後來，我進入招生委員會，每年也會遴選一位台灣的學生入學，也就認識了不少來自台大和其他優秀醫學系的研究生。隨著時代的變化，這個名額之後也就轉給了中國大陸的學生。透過這個招生機制，出了相當多人才，讓我感到相當欣慰。這些同學，現在已經是各個單位的領導者，我也只能為他們高興。

後來，回到亞洲，發現所有的學校還在強調論文發表的量，倒不是質。我認為這一點相當可惜。傳統的培養人才方式，可能反而無法讓年輕人發揮他最高的潛能。我才會在個人可以影響的範圍內，儘量提醒大家，到了某一個階段，研究的發表「量」已經夠了，但是，其實「質」更重要。

舉例來說，洛克菲勒當年曾經有一位生化教授梅里菲爾德（Robert Bruce Merrifield），整整 6 年沒有發表任何一篇論文。如果在一般亞洲的大學，這位教授可能已經被淘汰，根本不可能有後續的發展。沒想到，他接下來創出了推翻整個化學界想法的「固相胜肽合成」技術（solid-phase peptide synthesis），而得到了 1984 年的諾貝爾化學獎。

這個過程，可能跟現在華裔科學家的觀念都不一樣，我才會盡我所能支持新一代的科學家。但願他們可以大膽堅持自己的理想，而不受環境經費等等因素的限制。順道一提，在那 6 年中，梅里菲爾德沒有拿到任何一個獎助，完全靠學校董事會來支持。

讀到這裡，或許你會發現，我對過去這段當科學家的日子，其實是非常懷念的。年輕的科學家，都是帶著一種追根究柢的精神，希望探索大自然所帶來的那麼多禮物。我會跟你分享這些故事，不光是想對年輕人帶來鼓勵，同時也希望表達大自然的完美性，而這種完美是可以在點點滴滴觀察到的。

一個科學家，本來就是隨時都在執行反復工程，也就是希望對大自然的完美做一個詳細的說明。只是，有時候這方

面的追求是急不來的。畢竟，大自然是從很多層面組合的，倒不是單一某一個發現或某一個層面就可以把它貫通。

針對睡眠，或「全部生命系列」所想探討的意識層面，也是如此。它其實是個譜。一樣地，這裡所講的生理時鐘，最多也只是睡眠譜的一小部分，倒沒有全面的代表性。

有用的幾個重點：

✓ 科學家把生物體用來體會時間的內在機制，稱為「日週期」，也發展了一套完整的科學。

✓ 2017 年的諾貝爾獎，也就是頒給研究時間生物學的 3 位科學家，他們將時間生物學推到了基因的機制。

✓ 別忘了，大自然，包括人類，包括我們的睡眠，都是多個層面的組合。

✓ 這些科學的分享，不光是希望鼓勵年輕人，更是希望表達大自然的完美。

02
身體波動是有週期的

　　不曉得你還記不記得，我在《時間的陷阱》透過這張圖表達，我們的生命與太陽的週轉和一年四季的變化是分不開的。

　　古人不懂科學，但是可以睡得很好。他根本不需要去了解太陽週期和他個人的關係。他想睡就睡，而想睡的時間都是太陽下山後。他不需要懂，身體的需要自然會符合這個週期。

　　當然，現在的人透過科學，了解的深度是

相當不同。就好像非要用我們的聰明，把每一個機制包括神經系統的變化都打開來成為一門學問，像是前面提到的時間生物學和神經生物學。

我們雖然有一個很完整的神經系統，但神經系統要跟身體的每一個部位傳遞訊息，中間一定要經過一個轉達。這個轉達的程序，同時也要有放大的效果，才可以讓頭腦神經的作用快速轉給每一個部位。居中的傳訊物質和擴大器，就是我們的內分泌系統。

清醒和睡眠是突然的轉變——一個人是突然醒過來，突然睡著。中間的轉變，一定是在很短的時間建立的，也自然省不掉內分泌的系統。有這樣的機制來支持，我們才可能突然清醒，突然睡著。

我記得自己當初還不到 15 歲，就對醫學感興趣，當時也是從內分泌著手。如果後來沒有投入免疫領域，也自然會去探討內分泌的主題。

站在內分泌的角度，我通常會談兩大類荷爾蒙，一個是皮質醇，另一個是褪黑激素，對我們的睡眠最重要。透過右頁這張圖，我們可以看出它們兩個本身就有自己的日週期，而起伏的步調是不同的。

我在《真原醫》和《靜坐》等其他作品也談過皮質醇，又稱「壓力荷爾蒙」（stress hormone）。你應該也可能記得，身體有一個很完整的神經系統，我們通常會稱為自律神經系統，它本身是獨立運作，調控許多生理功能，例如消化、心跳、呼吸、視力的調整、肌肉的收縮放鬆、排泄等等。自律神經系統又可以再細分成兩個子系統，也就是我常說的交感和副交感神經系統。

其中，交感神經系統是幫助我們面對生存的考驗，讓肌肉收縮，呼吸和心跳加快……隨著一天開始，我們要面對種

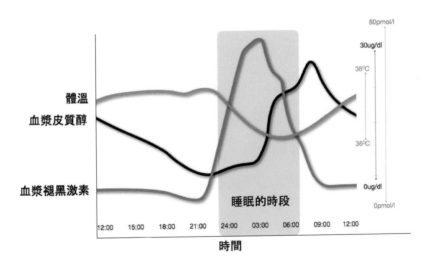

核心體溫、血漿皮質醇、血漿褪黑激素一天下來的變化

種的事，身體的交感神經系統也就啟動了。交感神經的活化，讓我們加強每一個部位的機能，活力變高，代謝加快。同時，讓我們覺得自己是清醒的。清醒的程度，是在早上10點達到高峰，而反應速度則是在下午3點達到最佳表現。

我們早上一醒來，血壓慢慢地開始上升，讓我們更容易從床上爬起來，面對一整天的事。而皮質醇其實一大早就開始釋放，一路上升，最高峰的時間，當然每個人不同，但差不多在早上8點到10點之間。這是為了增加血糖，讓我們得到行動所需要的能量。

我們很多人喜歡在下班的時候運動，不光是那個時候有時間，身體也比較舒暢。心血管的效率和肌肉的力量，都在下午五點左右達到最佳的狀態。也就是說，尤其是對運動員，傍晚才是體能最好的時段。這一點，再加上時差，你大概沒想到，對美國的職業運動員影響相當大。無論籃球或橄欖球，遇到全國性的聯賽，有主場優勢和時差優勢的隊伍，可以在自己體能最好的時候開賽，勝率當然會比較高 [1] 。

---

[1] Winter, W. Christopher, *et al.* "Measuring circadian advantage in Major League Baseball: a 10-year retrospective study." *International Journal of Sports Physiology and Performance* 4.3 (2009): 394-401; Smith, Roger S., *et al.* "The impact of circadian misalignment on athletic performance in professional football players." *Sleep* 36.12 (2013): 1999-2001.

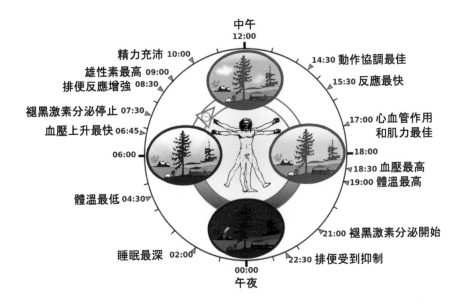

只要常常出差的人，都知道在北美，隨時可以買到褪黑激素。一般人在飛機上，就會先吞一顆，幫助自己在飛機上睡一覺，以及接下來調整時差。

褪黑激素可以說剛好和皮質醇作用的時間相反，是在太陽下山後，9 點開始分泌，夜裡 11 ～ 12 點到高峰，到天亮時，已經幾乎消失。其實，褪黑激素的水平和我們的體溫變化趨勢是剛好相反的。到了夜晚，褪黑激素上升，而核心體溫逐漸下降，身體的作用程序也開始慢了下來。也就是說，我們要入睡，無論內分泌和全身的生理與代謝程序，都要同

步朝向睡眠的方向前進。

　　光是這一點，其實也帶來一個很重要的工具。失眠的人，首先要懂得把環境的溫度降低。在睡眠中，核心體溫會自然降下來。如果環境溫度高，身體無法散熱，體溫降不下來，當然也就干擾睡眠。

　　我多年來發現，人類在知識的追求，過度強調枝微末節，希望解開這個週期的全部，反而把睡眠週期變得太複雜。從我的角度來談，在這麼多變因裡，最重要的其實是皮質醇和壓力。真正應該切入的重點，是怎麼把壓力降到最低，甚至在晚上克服壓力反應，一個人的睡眠自然也改善了。

　　畢竟，怎麼幫助你我改善睡眠，才是我寫《好睡》這本書的目的。只是這本書既然在談睡眠，我還是要花一點篇幅來談這個領域的科學發展。假如你讀不懂，也不需要失望，跟著書裡的練習，踏踏實實去做，親自體會它的效果，才是更重要的。

有用的幾個重點：

✓「日週期」反映的其實不只是睡眠，而是人體運作的週期。

✓ 內分泌、血壓、心血管的效率、各種生理反應，都讓我們
配合著太陽的週期而起伏，準備我們面對一整天。

✓ 到了夜晚，褪黑激素開始上升，核心體溫慢慢下降，身體
也就準備進入睡眠。

✓ 睡眠，其實也反映了一個人的壓力狀態。如果能克服壓力
反應，自然也就帶來睡眠。

【練習】
建立有利於睡眠的條件

　　其實，我們睡覺的環境相當重要。

　　我過去通常會提醒失眠的朋友，晚上睡覺時，首先讓臥室完全保持黑暗，建立有利於睡眠的條件。最好使用能夠充分遮光的窗簾，而且不要漏光，免得受路燈或招牌燈光干擾。不只如此，我還會建議，最好連房間裡微弱的小夜燈、電子設備面板一點點的光都要遮住或關掉。如果實在不能消除所有光線，那麼，至少帶個眼罩睡覺。

　　現代人很難得在一個真正安靜的環境完全休息，雖然我們可以透過隔音，降低聲音的影響，但很難不受到電磁場的作用。舉例來說，電視和音響看起來是關機，其實還是處在待命狀態，有很低的電流通過。一個人如果比較敏感，還是會受影響。所以，長期睡不著的人，不妨嘗試讓空間保持完全黑暗，並且將身邊的電子產品插頭拔掉，或許可以睡得更好。

　　前面提過，睡眠時，核心體溫也會逐漸下降。如果是才洗過熱水澡或激烈運動後馬上睡覺，這時候體溫偏高，也就不那麼容易睡著。不少人可能都有過半夜被熱醒的經驗。如果入睡時，能將室內的溫度降下來，自然能幫助我們散熱，而容易維持睡眠。

　　溫度降低，確實會帶來一個好睡的環境。然而，倒也不需要將冷氣設定到特別低的溫度，甚至好像冰箱一樣。此外，不要讓風扇直接對著身體吹，反而讓人容易感冒。

　　我也必需要提醒，床，就是用來睡覺，而沒有其他的目的，不要讓床變成一個多功能的空間。有些人不光在床上看書，還乾脆架起小桌子用電腦工作，好像床只是方便倒下來順便睡一覺。我的建議是剛好相反，要清楚守住床和臥室單

一的功能。這樣的話，我們也不斷為頭腦建立一個迴路，讓自己只要一躺到床上，自然離不開睡眠。

這幾個方法相當簡單，但就我過去的觀察，這幾點對我們的調整，其實有特別大的作用。接下來，我會在後面的章節再多談一些。

03
回到交感和副交感神經的作用

如果你讀到科學的專業名詞，心裡就會不由自主縮一下，那麼，看到這個標題，會再萎縮一下，是很正常的，不用擔心。任何人一聽到這種專業的學術用語，其實都會萎縮。值得分享的是，萎縮就是交感神經緊張的作用。如果你現在體會到了自己的萎縮，那麼，表示你已經從身體的每一個細胞懂了什麼是交感神經的過度刺激。

前面提到人體有一個獨立的自律神經系統在調控各種基本的生理功能，例如心跳、呼吸、消化、排泄等等。一般認為，這是腦部最原始的部分，是所有動物都有的基礎運作。無論動物或人類，為了進一步保住生存，都需要把注意力擺

到眼前比較緊急的事件，特別是會動的東西（例如眼前的蛇或野獸）。那麼，把基本的生理運作交給一個獨立的自律神經系統，也就好像把注意力從身體最基本而重複的機能抽出來。讓這些基本運作透過固定的神經迴路，落在注意力的背景裡自己運行，大腦才有充分的時間面對環境帶來的變化。

值得一提的是，正是大腦有了這樣的餘裕，才能把學習、認知等等「高等」的運作交給大腦，而讓中腦和小腦負責這種「基礎」（也有人說「低等」）的自動運作。大腦把注意力集中在高等的運作，尤其是透過人類最擅長的記憶和學習的累積，而使得人類截然不同於其他動物。也就這樣，才產生了種種「人類的特質」，包括各種道德、價值觀。

自律神經系統，前面提過又可以區分成交感神經和副交感神經系統。交感神經系統和副交感神經系統一旦失衡，影響會特別大，從出不出汗、體溫高低、心跳快慢、呼吸深淺、消化、排泄、眼睛對光線的反應、肌肉是繃緊還是放鬆，沒有一個角落不受影響。

交感神經系統，是來支持我們行動的動力，同時也帶來緊張和萎縮。用神經科學的語言來說，也就是讓人進入「打或逃」的反射──面對威脅，我們不是打就是逃跑。舉例來

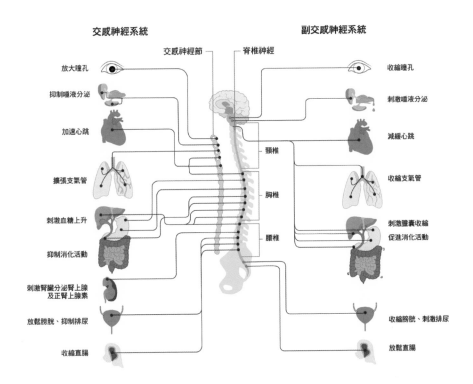

說，如果有人去嚇一隻狗，這隻狗要不逃走，要不朝人撲上來，只有打或逃兩種反應。然而，狗的交感神經必須完全啟動，才能引發這兩種反應，而可以得到生存。

　　因此，交感神經系統又被稱為「壓力反應系統」，讓我們在遇到緊急狀況時，先放掉不那麼急迫的生理功能，例如消化，而全心全意地應付壓力。前面談過皮質醇是壓力荷爾蒙，也就是在內分泌的層面幫助擴大壓力的反應。然而，副

交感神經系統的作用是剛好相反，就像是在危機過後的空檔，幫助身體放鬆下來，準備休養生息，也是生存所不可或缺。

可惜的是，這幾十年透過知識的發達，加上資訊傳遞的方便，反而是我們自己生活的步調變成了最大的威脅，隨時變成一種考驗。現代人的生活幾乎無處不是壓力。一醒來，要為了工作、學業、人際關係等等成天忙不完的事而煩惱。我們的工作時間很長，難得有時間好好吃飯、休息，即使夜裡要入睡了，也還有煩不完的心事。這使得我們長時間處在交感神經負荷過重的狀態，原本在危急時刻救命的「打或逃」反射，已成了現代生活最習以為常的運作模式。我過去才會不斷強調，交感的過度刺激是我們二十一世紀最大的身心失衡的原因。

我們透過這種快速的刺激，不光是身心失衡，而很明顯受到影響的部位，也就是消化系統。仔細觀察，在這種快步調的生活中，幾乎每個人的消化都不正常。胃腸道的問題，對現代人是特別普遍的困擾。

交感神經的緊繃，和副交感神經的放鬆，都是我們生存所需要的。然而，現代社會的步調太快，我們念頭太發達，

不是還在為過去困擾，好像過去的危機還在眼前，就是為下一步操心，彷彿隨時要面對威脅。可以說，對交感神經的刺激，幾乎沒有一刻停止過。

或許以後，有人再談到交感神經系統、皮質醇、壓力的作用時，你也會有自己心裡的一個畫面，可以表達這些基本的功能。你已經明白，這種壓力反應，從史前的原始人，到現代穿西裝打領帶的人，都一樣逃不掉的。它本身既是我們最大的一個生存功能，卻也同時成為現代人最大的危機和威脅，也就解釋了我們為什麼會失眠。

壓力，本身會提高交感神經系統的作用，讓我們全身緊張，也自然導致失眠。這兩者是惡性循環。我才會認為要解決失眠的問題，首先要從降低交感神經的作用去著手。

一個人假如長期失眠，交感神經隨時在活化，等於無時無刻都處於過度的刺激，面對樣樣現象和人事物，反應和認知自然都很緊繃。反過來，一個人假如隨時處在高壓力的狀況下（這其實是我們每一個現代人離不開的狀況）自然也難免刺激交感神經系統過度作用，回過頭來也得不到睡眠。

從我個人的看法，睡眠，通常要透過放鬆，才可能達到，而這是副交感神經的作用。對現代人，需要的反而是找

出一個活化副交感神經系統的鑰匙。這一點，才是讓我們回到均衡，甚至解答睡眠問題的關鍵。

你可能會注意到，我雖然在這裡介紹日週期，卻仍然偏重一整天的壓力管理，而不是強調日週期的機制。這是有原因的。

從我個人的看法，關鍵還是在於我們一天下來怎麼面對壓力。畢竟，睡眠或失眠，最多也只是反映身心交感和副交感神經系統的失衡。多年來，我倒不會集中在睡眠的運作，而是反過來從一整天的身心狀態著手。在這裡把睡眠的一些訣竅帶出來，最多也只是作為支持、輔助生活習慣的轉變，而可以帶來睡眠的效果。

我會寫這本書，多少也是因為這方面的知識一直沒有受到足夠的重視。一般人遇到失眠，往往是希望用藥物來解決。然而，這不見得是副作用最少、最徹底的問題解決方法。但願，我能透過這本書，為你帶來一個完全不同的解答。

有用的幾個重點：

✓ 比起探討各種生理機制怎麼運作，我認為失眠只是反映了壓力和自律神經系統的失衡，而這一點是可以透過各種生活習慣的調整來回復平衡的。

✓ 自律神經系統是一個獨立運作的系統，讓我們的注意力可以從基本的運作挪開來，而去關注環境中的變化，包括生存的威脅。

✓ 交感神經系統，啟動「打或逃」的壓力反應，本來是幫助我們生存。可惜的是，透過人類頭腦的發達，我們已經隨時活在交感神經過度緊張的狀態。而這種狀態，是不利於睡眠的。

✓ 睡眠，是副交感神經系統放鬆的作用。我們可以透過各種方法，活化副交感神經系統，在白天就帶來全身的放鬆，晚上也就自然好睡。

【練習】
舌抵上顎

　　講到這裡，我相信你已經發現，找回交感神經和副交感神經的平衡點，可能對睡眠有最大的影響。更直接地說，活化副交感神經的放鬆反應，可能比任何的機制都更重要。

　　一般的失眠，最多也只是反映這方面的失衡。如果我們只把注意力鎖定在幾小時的睡眠，在我看來非但沒有抓到重點，也不可能就這麼改變睡眠的品質。幸虧，副交感神經系統有一個中樞位於腦幹，而我們只要知道怎麼刺激它，也就自然讓副交感神經系統完全活化，帶來放鬆的反應。

　　古人早就知道，要讓這個中樞活化、徹底刺激副交感神經而讓身體完全放鬆，最簡單的方法也只是舌抵上顎。我過去也在幾個作品和許多場合不斷示範這個方法，帶著大家

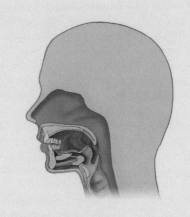

一起練習。

我在《靜坐》進入各種靜坐方法的介紹前，就已經把上頁這個圖帶出來了。是的，它就是這麼重要。一般人只要有靜坐的基礎，早晚能體會到——在很專注而全身相當放鬆的狀態下，舌頭自然會頂到上顎，而產生甘露的現象。

最不可思議的是，即使不是透過靜坐而達到專注，反過來只要把舌頭頂到上顎，全身也會跟著放鬆。而且，是徹底的放鬆。現在，你一邊讀，也就可以一邊嘗試。

我過去示範時，都會請大家立即注意自己呼吸的變化。每一位朋友也自然會發現呼吸變長，尤其是吐氣拉長。吸氣，也不知不覺跟著變深，自然轉成橫膈膜的呼吸。這一來，不光呼吸的速度會降下來，也跟著帶動生理的步調放慢，全身放鬆。最意想不到的是，肺活量卻反而增加，而提高了血中的含氧量。在我個人看來，血液氧氣含量是一個關鍵，不光影響睡眠品質，也影響身心整體的健康。

舌抵上顎，就是那麼簡單，我們隨時都可以做，也隨時都應該做。

一整天下來，從醒過來到入睡前，我們都可以隨時進行這個練習。除了講話之外，隨時都可以做，也就讓它變成我

們最自然的生活習慣。

我過去常常這麼形容，一個人只要做，一天就可以體會到效果。假如能做一個星期，身體也就脫胎換骨，甚至連一些好轉反應都會浮出來

你可能還記得好轉反應，是我們身體在療癒的過程中，一些過去的結或問題從身心自然浮出來。就像錄音帶倒帶一樣地，讓阻礙再次重複它自己。而像海浪一波一波來，一波一波消失。最後，自己消停。

這是一種身心療癒的機制，我過去也花了相當多篇幅來描述，包括在讀書會和大家分享。

在這裡談好轉反應，最多也只是要表達，舌抵上顎就是有這麼大的作用。

舌抵上顎，也可以搭配深呼吸的練習。我們無論在睡前、剛醒來或白天一整天，隨時可以先做幾次深呼吸，接下來，就將舌頭頂在上顎。尤其夜裡失眠時，也就記得這麼練習。這樣，不光帶來放鬆，接下來也讓我們注意力集中，而可以同時進行其他練習。

如果能將這本書接下來所談的各種練習，搭配第一篇的練習一起進行，你也自然會有更深的體會，而能隨時回到身心的放鬆。

04
你是早鳥，還是夜貓子？

　　回到日週期，我們每一個人有自己的生理時鐘，但這個時鐘啟動的時間人人不同。有些人習慣早早開始一天，有些人卻要到一天快過了一半，才要起床。

　　很巧合的是，一個人早起或晚睡，世界各地都用鳥來形容。從我的角度來看，也許是因為以前的人沒有鬧鐘，早上醒來，可以聽到的不是雞鳴就是鳥叫，也就把這個印象變成了文化的一部份。有一種人像雲雀，是習慣早起的「早鳥」，上午的精神比較好。也有人像夜貓子，也就是貓頭鷹。像這樣喜歡晚睡晚起的，以年輕人居多，他的一天通常要比別人晚幾個小時才會開始。

　　這種早鳥或夜貓子的分別，時間生物學家稱為不同的「時間表現型」（pheno-/chrono-type）。如果你還記得中學的生物課，你也可能還沒忘記 phenotype 是基因的「表現

型」。也就是說，對科學家而言，一個人喜歡早起或晚起，不光是後天養成的行為習慣，也是跟我們身體的基因有關。這些基因，後來稱為時鐘基因，也就是 2017 年諾貝爾獎得主的貢獻。

每個人的日週期不見得都一樣，這是由「時鐘基因」的變異而定。這個生理時鐘，其實也不是剛好 24 小時整。有些人身體的日週期比 24 小時略長，而有些人略短。有意思的是，小嬰兒並不是一生出來就會展現日週期，而是隨著發育逐漸成熟，慢慢開始表現這些基因。

我們都注意過，小嬰兒一睡就是幾個小時。特別是剛出生幾個月時，他睡或醒，是不分白天晚上的。新手父母都嘗過這種滋味，尤其三更半夜孩子一哭，再睏都得醒來哄孩子的那個片刻，心裡一定會默默祈求，希望小孩哪天可以放過自己。如果有幸哪一天可以好好睡一夜，也就很自然會珍惜，當作最大的福氣。

只是，通常和我們的希望相反。小嬰兒往往是等我們睡著了，才開始折磨我們。這是每一個母親都要度過的難關（父親也一樣不好過）。也有很多母親在這過程中睡眠不足而心情低落，甚至產生嚴重的憂鬱症。

　　有些人是所謂的「早鳥」或雲雀，在早上的運作比較有效率。夜貓型的人，日週期啟動的晚，也就喜歡晚睡晚起。早鳥或夜貓子，雖然有基因的作用，但也多少是受到個人行為、飲食習慣、年齡和環境的影響。年輕人通常是夜貓子，隨著年紀漸長，也就逐漸向早鳥靠近。美國的學校開始注意到這個現象，也做了一些實驗，延後孩子上學的時間，結果發現無論學生的注意力，認知能力和成績都有改善。

　　讀到這裡，我相信你自然想知道自己是哪一型，你可以採用第 199 頁的「清晨型和夜晚型」問卷來做個對照。

　　我會帶出這個問卷，主要是想讓你體會，我們的睡眠和作息習慣還是有很大的變化空間。我們了解自己是早鳥還是夜貓子，可以當作自己作息的參考。既然每個人的習慣和體質本來就不一樣，我們不需要刻意強迫自己去符合某種作息，更不用再多分析，而造成自己不必要的負擔。

　　當然，從我個人的經驗，就連這種體質都是可以調整的，其實也沒有什麼絕對的重要性。

有用的幾個重點：

✓ 每個人的生理週期不同，有些人是早睡早起，也有人是晚睡晚起。當然，也有人是介於兩者的中間型。

✓ 小嬰兒腦部的日週期機制還沒有發育完整，睡眠的週期也和成人很不一樣。

✓ 科學家認為，一個人是早鳥還是夜貓子，既是基因的作用，也和環境、年齡有關，可以説是先天和後天的綜合。

✓ 我們最多也只是知道自己的週期，了解自己身心隨時間的起伏，而在需要的時候可以做個調整，倒不需要勉強自己非要和別人一樣不可。

清晨型和夜晚型問卷 [1]

在每項問題中，請選出最能形容你在過去幾星期的
感受的句子，並且將句子旁的數字圈起來。

1. 如果你能夠完全自由地規畫白天的時間，你希望
　 大約在什麼時間起床？

[5] 早上 5 點至 6 點半　　　　[4] 早上 6 點半至 7 點 45 分

[3] 早上 7 點 45 分至 9 點 45 分

[2] 早上 9 點 45 分至 11 點　　[1] 早上 11 點至正午 12 點

2. 如果你能夠完全自由地計畫夜晚，你希望大約在
　 什麼時間去睡覺？

[5] 晚上 8 點至 9 點　　　　　[4] 晚上 9 點至 10 點 15 分

[3] 晚上 10 點 15 分至 12 點半

[2] 凌晨 12 點半至 1 點 45 分　[1] 凌晨 1 點 45 分至 3 點

3. 如果你要在早上的某個時刻起床，你會有多麼依
　 賴鬧鐘來喚醒你？

[4] 完全不依賴　　　　　　　[3] 略為依賴

[2] 比較依賴　　　　　　　　[1] 非常依賴

4. 在早上時，你有多容易起床？（當你沒有被突如
　 其來的事喚醒）

1　Horne, Jim A., and Olov Östberg. "A self-assessment questionnaire to determine
morningness-eveningness in human circadian rhythms." *International Journal of
Chronobiology* (1976).

[1] 非常困難   [2] 比較困難

[3] 一般容易   [4] 非常容易

5. 早上起床後的半小時內，你有多精神？

[1] 完全沒有精神   [2] 不太有精神

[3] 一般精神   [4] 非常精神

6. 在起床後的半小時內，你感到有多餓？

[1] 完全不餓   [2] 一點點餓

[3] 一般的餓   [4] 非常餓

7. 清晨起床後的半小時內，你的感覺如何？

[1] 非常疲倦   [2] 稍微疲倦

[3] 一般清醒   [4] 非常清醒

8. 如果隔天你沒有任何約會，相較於平時習慣的上床時間，你會選擇什麼時候去睡覺？

[4] 只比平常晚一點點或從不推遲

[3] 較平常晚不到 1 小時

[2] 較平常晚 1 ～ 2 小時

[1] 較平常晚 2 小時以上

9. 假設你決定要開始做運動，你的朋友建議應一週進行兩次 1 小時的運動，而且早上 7 ～ 8 點是最佳時間。你只需考慮自己的生理時鐘，你認為自己會表現得怎麼樣？

[4] 很好　　　　　　　　　　　[3] 還不錯

[2] 難以執行　　　　　　　　　[1] 非常難以執行

10.晚上，你大約到什麼時候會感到疲倦，而且需
　　要睡覺？

[5] 晚上 8 點至 9 點　　　　　[4] 晚上 9 點至 10 點 15 分

[3] 晚上 10 點 15 分至 12 點 45 分

[2] 凌晨 12 點 45 分至 2 點　　[1] 凌晨 2 點至 3 點

11.假設你希望在一項會令你精疲力竭，而且需要
　　持續兩個小時的考試取得最佳表現，而你能完
　　全自由地計畫你的時間，只要考慮自己的生理
　　時鐘，你會選擇以下哪段時間考試？

[6] 早上 8 點至 10 點　　　　　[4] 早上 11 點至下午 1 點

[2] 下午 3 點至下午 5 點　　　　[0] 晚上 7 點至 9 點

12.如果要你在晚上 11 點去睡覺，會有多疲累？

[0] 完全不疲累　　　　　　　　[2] 略微疲累

[3] 一般疲累　　　　　　　　　[5] 非常疲累

13.假設因為某些原因，你比平時晚幾個小時去睡
　　覺，但又不需在隔天早上的特定時間起床，你
　　最可能出現以下哪種情況？

[4] 按平常的時間起床，而且不會再睡

[3] 按平常的時間起床，但感到昏昏欲睡

[2] 按平常的時間起床，然後再睡

[1] 較平常的時間遲起床

14. 假設你要輪夜班，而你要在清晨 4 ～ 6 點保持清醒，隔天你沒有任何約會。以下哪種情況最適合你？

[1] 輪班結束後才去睡覺

[2] 輪班前片刻小睡，而結束後再睡覺

[3] 輪班前睡一覺，結束後再小睡

[4] 只在輪班前睡一覺

15. 假設你需要進行一項兩小時的艱鉅體力工作，你可以完全自由地計畫時間，只考慮自己的生理時鐘，你會選擇以下哪個時段？

[4] 上午 8 點至 10 點　　　[3] 上午 11 點至下午 1 點

[2] 下午 3 點至 5 點　　　　[1] 夜晚 7 點至 9 點

16. 假設你決定要開始運動，你的朋友建議你應一週進行兩次一小時的運動，而且在晚上 10 ～ 11 點為最佳時間。你只需考慮自己的生理時鐘，你認為你會有怎麼樣的表現？

[1] 很好的表現　　　　　　[2] 還不錯的表現

[3] 難以執行　　　　　　　[4] 非常難以執行

17. 假設你可以選擇自己的工作時間，你每天只需

工作 5 個小時（包括休息時間），而這項工作是很有趣的，酬金會依據你的工作表現，你會選擇以下哪個時段？

[5] 早上 4 點至 8 點間開始　　[4] 早上 8 點至 9 點間開始

[3] 早上 9 點至下午 2 點間開始

[2] 下午 2 點至 5 點間開始　　[1] 下午 5 點至凌晨 4 點間開始

18. 一天之中以下哪個時段是你的最佳時間？

[5] 早上 5 點至 8 點　　　　[4] 早上 8 點至 10 點

[3] 早上 10 點至下午 5 點

[2] 下午 5 點至 10 點　　　　[1] 晚上 10 點至凌晨 5 點

19. 人可分為「早鳥」型和「夜貓子」型，你認為自己屬於哪一類型？

[6] 絕對「早鳥」型　　　　　[4] 偏向「早鳥」多於「夜貓子」

[2] 偏向「夜貓子」多於「早鳥」　[0] 絕對「夜貓子」型

十九條題目的得分總和：＿＿＿＿

將你勾選的選項前的數字加總，總分在 41 分以下，代表是「夜貓子」型。

總分在 59 分以上，代表是「早鳥」型。得分在 42 ～ 58 分之間，是中間型。

05
太陽光：改變日週期的鑰匙

　　最好的一個改變日週期的實例，也就是透過光線。尤其明亮的光線，效果更為明顯。

　　我們本來就離不開太陽的光線，只要接觸太陽光，自然可以調整我們的步調。甚至，如果要到不同時區出差或剛回來，在一開始的幾天或幾星期多晒太陽，就可以把時差整個重新調整過來。我常提醒出差的朋友，最好撥出一點時間，尤其在中午太陽最強的時候，一定要出去晒晒太陽，讓身體可以和當地的時間重新對時。

　　為什麼白天的太陽光可以有那麼大的作用？我在這裡，想多做一點說明。

　　在第二篇的第三章談夢和情緒時，我已經提過「情緒腦」，也就是邊緣系統（limbic system）——位在中腦和大腦之間邊緣地帶的腦部組織。情緒腦，是大腦接收資訊的過濾

網。它既影響情緒，為認知加上一層情緒的色彩，而讓我們不可能客觀。

在情緒腦，有一個部位叫做下視丘（hypothalamus）。下視丘作為神經系統和內分泌之間的橋梁，影響腦下垂體這個內分泌的中樞，而進一步影響全身的內分泌。同時，也進一步調控交感神經和副交感神經的作用。

假如你還記得，我們的日週期是跟著太陽走，才有一個接近 24 小時的日週期，而依照白天和晚上的差別，有不同的生理的反應和運作。幾十年前，沒有人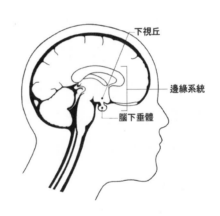想過，那麼複雜的週轉，是由腦部的單一部位在控制，而這個部位在情緒腦裡。

就在下視丘裡，有一個視交叉上核（suprachiasmatic nucleus, SCN）在控制日週期。如果你還記得，解剖學家會稱之為「核」的腦部組織，指的就是神經細胞特別密集的地方。

　　坦白講，你知不知道有這個機制也不重要，不見得對你的睡眠有幫助。最多，是知道身體有一個中樞時鐘，而這個時鐘跟睡眠有關係。然而，管制全身的日週期，不光是靠頭腦裡的視交叉上核。身體裡，心臟、肺臟、肝臟和主動脈都一樣帶著調控日週期的機制。這些週邊的機制，科學家稱為二級控制。有了中央和週邊的控制，也就能全面的調節身體每一個角落。視交叉上核將「醒來」的訊號傳送給其他腦區，再進一步統合身體各部位，達到一致的日週期。

　　其實，一致性，我認為才是關鍵。或許你還記得，就連身體的血管都有一個波動，而這個波動到了最根本的頻率，也就是一分鐘 6 次的梅爾頻率，會讓全身同步，讓身體每一個部位達到諧振。

　　我過去和大家分享各種靜坐、呼吸的練習，也只是希望我們體會到身體的諧振。只要我們可以達到身體的諧振，倒不需要擔心日週期的生理時鐘怎麼運作。這時候，我們已經自然能夠歸零，讓身心隨時重新設定。

　　只要我們把身體最根本的狀態隨時找回來，這個日週期自然會跟著調整它自己。從我個人的角度來看，倒不需要我們去懂詳細的機制，身體本來就會自己調整。這一點，我會

在接下來的練習再繼續深入，讓你親自體會。

　　當然，這些知識，還是可以為頭腦建立一點信心，也方便你和朋友分享各種好睡的練習。

　　回到陽光的作用，舉例來說，在眼睛的視網膜上有一些神經，直達啟動日週期的中樞，也就是前面提過的視交叉上核。這些視神經上有一種色素，叫做黑視素（melanospin），對波長較短的藍光特別敏感。這種藍光特別能活化視交叉上核，而視交叉上核又直接通往松果體，去抑制松果體的活

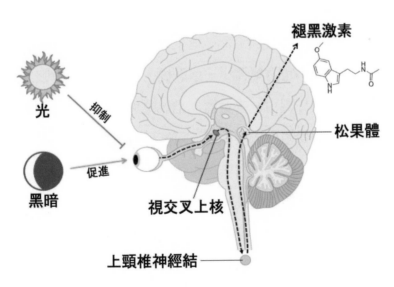

明亮的光線，抑制松果體，減少褪黑激素的生成

性，不讓它產生褪黑激素。（前面提過，褪黑激素會讓人有睡意，體溫下降，讓身體知道該睡覺了。）

　　一個人如果希望好睡，那麼睡前少看螢幕，確實對入睡是有幫助的。一來，螢幕產生的藍光，降低褪黑激素分泌的效果相當直接。此外，我們也都能體會到，生活中無所不在的資訊，對頭腦造出來的刺激，可能比藍光的影響遠遠更大。

　　無論如何，如果希望好睡，睡前最好給自己一個空檔，遠離資訊，也遠離藍光。這麼做，不只能改善睡眠，也可以保護眼睛和視力。畢竟藍光是能量最強的可見光，接收太多藍光，會傷害你的視網膜而可能導致黃斑部病變。

　　我也要提醒，一般家庭和辦公室為了省電常用的照明，藍光的比例可能偏高。如果你時常需要用眼，或眼睛對光線比較敏感，可以在家裡或辦公室需要用眼的角落改用別的燈光，來照顧自己的眼睛。而且最好多花一點時間嘗試，找出讓眼睛覺得最舒服的照明。

　　當然，藍光並不是一無是處。大多數的人類，還是日行性的動物。白天的光線（尤其裡頭含的藍光）抑制松果體分泌褪黑激素的作用，讓我們比較不容易打瞌睡。從生理調控的角度來談，這個抑制的過程，其實也就等於在重新設定醒睡的週期。白天把褪黑激素抑制下來，到晚上再來釋放，讓身體去好好睡一覺。

　　藍光對身體有種種的作用，而其中之一就是帶來身心週期的重整。然而，自然的光線帶著完整的光譜，對我們有最好的作用。平時，我也建議朋友在早上和下午多晒點太陽，白天自然不那麼容易覺得疲憊，晚上也就自然想睡。

謝謝藍光，把我給照醒了

　　我以前透過《真原醫》的預防醫學也特別介紹全光譜的照明，而且還特別提醒一定要帶著接近紫色的藍光才會有作用。一遇到季節變化就容易憂鬱的朋友，可以晒晒太陽，甚

至在早晨透過明亮的全光譜進行「光照治療」，也讓人比較能夠抵抗換季時的情緒波動和失眠。甚至，對有嚴重憂鬱的朋友，我過去還會建議他們試試藍光盒（blue light box）。

當然，全光譜的作用是全面的。這一點，是強調單一色光或是由少數幾個色光組成的照明無法相提並論的。畢竟，後者並不是太陽光的完整波段，各波段的比例也往往不夠均衡。將來，我認為這方面會有一個完整的科學，來驗證全光譜照明對人的影響。

我為什麼特別強調全光譜照明的重要性？其實，只有全光譜的照明，才會給我們真正顏色的感知，而讓我們體會陽光的作用。尤其陽光本身，對睡眠的週期還是有一個啟動和調整的效果。我們長時間待在封閉的室內空間，更應該注意。如果能採用全光譜的照明，即使白天沒有那麼多機會接觸太陽光，但多少也是一種補救措施。

有用的幾個重點：

✓ 晒太陽，是調整日週期，讓我們從時差恢復過來，最有效的方法。

✓ 光線，透過眼睛，直接傳達到腦部調控日週期的中樞，對腦部而言，是最強烈的「醒來了」的訊號。

✓ 日週期的中樞，對藍光特別敏感。睡前不用手機、電腦這些設備，非但減少藍光的刺激，也讓我們暫時遠離過多的資訊，而可以準備身體好好入睡。

✓ 全光譜的照明，也就是模擬太陽光的完整光譜，可能是大多數時間待在室內工作、生活的現代人所需要的一種支持。

【練習】
晒太陽和運動

我在這裡，想一次帶出來兩個練習。

首先，是我們每一個人都需要的——為自己找一段時間，出去散步，而同時晒點太陽。

在台灣這種接近熱帶的地方，尤其在夏天，陽光會比較強烈，我們可以安排在早一點或靠近傍晚的時段。假如情況允許，最好是快走，讓自己出汗。這樣不光吸收陽光，也同時鍛鍊身體的肌肉。兩者，都可以讓身體放鬆。除了陽光，運動本身就是調整我們內分泌和神經系統最快的方法。

我想你還記得，身體的肩膀、手臂和大腿，大概占了全身 70% 的肌肉量。快走，本身是很好的運動。假如時間允許，我通常還會建議做跳躍的動作，這是讓全身一起共振最有效的方式。當然，你也可以採用螺旋舞和結構調整。

這些運動，本身就非常重要。我會在這本書的最後，單獨用一章來談。

此外，我通常也會建議身邊的朋友，假如方便的話，可

以特別去看早上剛升起 5 分鐘內或正要落下的太陽，對我們身心調整的作用是最大的。甚至，對我們神經系統的重新啟動，是很好的作用。

這時候的陽光，透過週邊空氣的繞射，對眼睛不會有傷害，我們可以盯著太陽看。只是要記得，早上一旦陽光的顏色從紅轉白，就不能直接盯著看，會傷害眼睛。

06
電磁場和生命場

　　人類幾萬年的發展，本來幾乎都是受大自然的影響。這個大自然的頻率是相當單純，包括週邊環境的頻率，也包括這本書提到的日週期。可以說，在幾萬年來的演化過程中，人類所受到的環境影響相當穩定，就好像活在地球、植物、礦物再加上週邊的動物所創出來的一個安穩的生態系裡。

　　這樣的生態系，為我們帶來最穩重的生命頻率。我們仔細觀察身體的波動，也自然會一再地想回到大自然和大地母親的共振，就像是回到自己本來的頻率。

　　無論是梅爾頻率、頭薦骨療法創始人優普哲（John Upledger）所提到的頭薦骨韻律（craniosacral rhythm）、乃至更微細層次的波動，都在談有一個最低、最穩重的頻率，是我們需要和它共生存，才可以進入休息、回春和療癒。和這個頻率共生存的機制，也就是共振。

　　我這裡指的共振，不光是一個人慢下來，也不只是血管、頭腦、肌肉、呼吸的運作都慢下來，而是還要同步。就好像身心每一個角落，都在與大自然合一，踏著同一個步調。地球深呼吸，我們也跟著深深地吸氣，長長地吐氣，跟它分不開。

　　過去有人說地球是「活」的，甚至取名叫蓋婭（Gaia）。一般人會覺得這種說法只是比喻，或只是一種新時代的觀念。我們倒沒有想過，用這種「活起來」的描述來談共振，其實是再合理不過了。

　　我們仔細觀察，古人不光是早就懂得這種觀念，而且是活在其中。一個人輕輕鬆鬆達到這種共振，才突然懂得什麼是不合理的快樂，也就是沒有條件的快樂。這一點，是我們天生就有的，但你我反而把它忘記了。

　　進一步講，地球能量的來源，是靠太陽而來。太陽的能量，不光含著我們認為的光、熱或電磁場，還帶給我們一個完整的生命場。這樣的生命場，我過去稱為高速的螺旋場，讓我們不光有生物的生命，還可以支持人類的意識和邏輯。

　　太陽帶來的生命場，包括電磁場，其實影響到我們每一個部位。生物體自然會發展出完整的日週期機制來配合。我

們也才會白天想要動、要工作，而晚上自然想休息。過去的人，還懂得生活的步調一定要和生命場達到共振，才可以讓自己得到健康。

當然，除了太陽，我們其實也受到月亮的影響。不過，月亮倒不是透過電磁場來影響我們，而是透過重力。每天潮汐的變化，就是一個例子。

你大概沒想過，就連滿月都會影響睡眠。瑞士最古老的巴塞爾大學，有幾位研究日週期的科學家，在月圓的晚上喝啤酒聚會時，聊起滿月和狼人的傳說，也就想到是不是月亮的盈虧也會影響睡眠。他們手上剛好有一批十幾年前為了研究日週期和睡眠而搜集的數據，更棒的是，這批數據在搜集時，沒有人想過月亮的關係，也就可以排除因為參與研究的預期心理而影響睡眠的可能。

他們回頭分析當時的所有數據，包括全夜監測的腦電圖，發現了一個特別的現象，在月圓前後幾天，即使睡在全暗臥室、看不見月光，睡眠時間都會減少 20 分鐘左右，要多花 5 分鐘才能入睡，而代表深睡的 δ 波少了 30%[1]。雖然

---

[1] Cajochen, Christian, *et al.* "Evidence that the lunar cycle influences human sleep." *Current Biology* 23.15 (2013): 1485-1488.

沒有人知道為什麼滿月會影響睡眠，而且月圓月缺也不是可以人為控制的，但是，如果那幾天睡得少或不夠，至少你可以不用擔心，這是正常的現象。

月亮，不光影響睡眠，還包括我們身心的均衡。幾乎每一個文化，都會用月亮的特質來描述瘋癲的人。舉例來說，英文會用 lunatic、moony 這些和月亮有關的形容詞，來表達一個人好像「瘋」了。其他西方的文化，也有類似的用法。

是我們現代社會集體的步調太緊繃，讓我們連自然的頻率都忘記了，失去了和生命場的共振。接下來，我們才有那麼多的痛苦，包括失眠。我也只好不斷地提醒，失眠最多是反映人類現況的不均衡。

談到太陽的磁場或生命場，我們仔細觀察，現代人的步調確實已經快到一個地步。而這樣的速度，完全是靠著人類透過設備造出來的磁場所促成。這些設備是這幾十年才有的，而竟然產生了一種人為的意識場。

當然，假如沒有這些設備，我們現在也就沒有這麼方便的網路和科技，它本身可說是人類最了不起的突破。相對地，這些電子設備也帶來許多威脅。只是，到今天，我們還不一定清楚威脅所在，甚至還有不少辯論。

　　這些場，我們可能已經習以為常，已經意識不到沒有這些波動的狀態。舉例來說，幾乎每個住家都有無線網路，而且是一週 7 天，一天 24 小時沒有關過的。一般人如果住公寓，大概會發現自己身處在各種無線網路的訊號裡。我認識有些比較敏感的朋友，只要接觸這種空間，馬上可以體會到不同。

　　我常開玩笑，這些無所不在的磁場，就讓我想到以前在實驗室進行電生理學實驗，必須要設置一個法拉弟籠來取消所有干擾。沒想到，不過幾十年，我們已經活在一個法拉弟籠裡。更想不到的是，它本身已經含著一個強烈的電磁場，變成我們生活的背景，而且大多數人還意識不到。

　　人類幾萬年本來已經適應了一個穩定的場，也就是單純的太陽和地球的磁場。沒想到，就這短短幾十年，在這最穩定的場上，我們透過科技的進展，突然造出另外一個複雜的場，隨時在干擾我們自己。

　　我們體會不到這些場的作用，也只是因為沒有比較。然而，我們也都知道，如果到鄉下渡假，或到了山裡、農村或海邊這種沒有各種設備干擾的環境，我們反而能睡得比較深沉。是透過這樣的比較，一般人才可能體驗到差別。

　　當然，你也知道有許多人在關注另一個主題，也就是想知道人體長期接觸各種電磁場，對健康會不會有不利的影響。然而，坦白說，進行研究的方式不同，包括電磁場的來源、強度、接觸時間、接觸頻率、受試者的特質都不一樣，很難得到一致的結論。無論得到的結論是正向、負向還是不相關，都有各式各樣的爭議。

　　舉例來說，有人從內分泌的角度去切入，想探討電磁場會不會影響褪黑激素的分泌，而影響睡眠。然而，不同研究的結論都是彼此矛盾的。有些研究指出，接觸電磁場會讓人體內褪黑激素的量下降 [1]，然而，有些實驗又認為不會影響褪黑激素的分泌 [2]，甚至還有研究提到會稍微提高褪黑激素的量 [3]。

---

[1] Wilson, Bary W., Richard G. Stevens, and Larry E. Anderson. "Minireview: Neuroendocrine mediated effects of electromagnetic-field exposure: Possible role of the pineal gland." *Life Sciences* 45.15 (1989): 1319-1332; Davis, Scott, *et al.* "Effects of 60-Hz magnetic field exposure on nocturnal 6-sulfatoxymelatonin, estrogens, luteinizing hormone, and follicle-stimulating hormone in healthy reproductive-age women: results of a crossover trial." *Annals of Epidemiology* 16.8 (2006): 622-631.

[2] Gobba, Fabriziomaria, *et al.* "No association between occupational exposure to ELF magnetic field and urinary 6　sulfatoximelatonin in workers." *Bioelectromagnetics: Journal of the Bioelectromagnetics Society, The Society for Physical Regulation in Biology and Medicine, The European Bioelectromagnetics Association* 27.8 (2006): 667-673.

[3] Dyche, Jeff, *et al.* "Effects of power frequency electromagnetic fields on melatonin and sleep in the rat." *Emerging Health Threats Journal* 5.1 (2012): 10904.

從這個例子可以看出來，針對電磁場的健康影響，這個主題已經累積了相當多的文獻，各種論點都有它的根據。但是，我總認為這個題目還不夠成熟，才會引起這麼多的辯論。我在這裡並不想貿然做任何結論，最多也只能提醒，每個人的體質和敏感度不同，受到的影響也自然不一樣。如果覺得有影響，也就要學會自己去避開。

有用的幾個重點：

✓ 身體和大自然有一個最基礎而穩重的頻率，落在這個頻率，我們自然能夠不費力地休息，讓身心自己療癒。

✓ 地球的生物發展出「日週期」的機制，就好像來配合太陽帶來的生命場。月亮也影響我們的心情甚至睡眠。

✓ 人為的電磁場，對個人健康的影響，在科學上仍然是充滿爭議的主題。

✓ 每個人體質和敏感度不同，可以自己實驗看看，觀察電磁波對自己身心的影響，包括睡眠。如果敏感，也就自己要學會去避開。

【練習】
關掉電子設備

到現在，我們已經相當依賴平板、電腦、手機等等電子設備，不僅隨時用來通訊交流，還可以接收各種新聞資訊、聽音樂、玩遊戲，甚至拿來閱讀。幾乎每個人睡覺時，床邊還是擺著這些設備，至少當作鬧鐘，讓自己隔天能準時起床。

一般人的臥室也至少有一兩個插座，方便為電視、鬧鐘或其他設備充電。前面也提過，大多數的家電，即使關機，只要還插著插頭，還是有微弱的電流在運作。敏感的朋友，可能體會得到這種差別。

就像我在〈練習：建立有利於睡眠的環境〉提過的，失眠的朋友，最好先把床邊、臥室裡的全部電子設備都移開。假如不能完全去除，至少離身體遠一點，也儘量把插頭拔掉，不要讓電器處於低電流的待機狀態。

我常常和朋友半開玩笑——如果我們搭飛機會擔心電磁波干擾操控，都知道要將手機改成飛行模式，那麼，我們竟

然不擔心這些設備是不是會干擾自己的身心？用這種角度來看，睡覺時關掉電子設備，是再合理不過的作法。我們也不妨都試試看。

我之前也提過，失眠的朋友，睡覺時最好將光線完全遮住，讓我們避開夜間照明的干擾，而更能配合太陽的週期。另外，隔音也相當重要。儘管有些背景音像是電扇、冷氣的聲音或所謂的白噪音好像有幫助入睡的效果，但是如果可以，還是儘量把聲音去掉。

07
頭腦的清醒機制

睡眠在演化中，扮演相當重要的角色。我們當然知道，保持清醒的狀態是有利於生存的。比如說，眼前有野獸，我們最好是清醒的面對。假如連叫都叫不醒，可能連命都失掉了，自己還不知道。

但是，很有意思的是，要是沒有得到睡眠或休息，我們的身體也自然會抗議，不能讓清醒的時間無限制延長下去。前面談過日週期，也就是生物體配合太陽週期的機制。它就像指南針一樣，告訴我們什麼時候該保持清醒。然而，我們的身體還有另外一個機制，不允許我們清醒太久而不去休息。

舉例來說，一個人如果突然日夜顛倒，而不睡的時間太長，身體自然會想睡，才不管現在到底幾點。這個機制，是來確保我們不會清醒到超過身體的負荷。我們醒著的時間愈

長，自然會覺得累，開始想睡，而且自然會進入無夢的深睡。只要幾天睡不好或清醒的時間太長，一等到可以睡的時候，停留在深睡的時間自然會拉長。當然，我們一旦入睡，這種睡眠的動力也就逐漸降低，直到我們清醒。

重點是，我們身體就像是有兩套系統，一個讓我們清醒（arousal），另一個讓我們想睡。這兩個機制通常是互相對抗的，而有相當多的化學物參與。我們過去講過，是類似頭腦內分泌的神經傳導物質，在做這方面的運作。

你可能還記得我在《不合理的快樂》提過，這些分子都會影響期待系統，讓人期待，讓人興奮。腦部也透過同樣的一群分子，包括乙醯膽鹼、正腎上腺素、多巴胺、組織胺和血清素送出「醒過來」的訊號，讓我們保持清醒而不會睡著。也就是說，頭腦的興奮離不開頭腦的清醒作用，如果在睡眠時有這種期待的作用，可能也就睡不著了。

此外，我們清醒的時候，身體大量耗能而剩下的代謝產物腺苷（adenosine）也在體內累積。腺苷累積得多了，自然被身體當作啟發睡眠的機制。從我的角度，身體的奧妙是最不可思議的，充分利用每一個機制、每一個分子，而一點一滴都不浪費。

　　通常，能引發清醒和睡眠作用的，都是相當單純的刺激。例如陽光、腺苷或單一的一個化合物。只有這樣子，頭腦才可以在很短時間內達到同步，而可以完成眼前的任務，包括睡眠。

　　但是，有時候，這還不夠。頭腦不可能單獨存在，而是需要整個身體的運作來配合，也就要把它的訊號擴大到全身。內分泌，就是扮演這個全身擴大器的角色。我在前面也提過，下視丘，是作為神經系統和內分泌之間溝通的媒介。

　　你可能還記得，下視丘裡的視交叉上核是調控日週期的中樞，包括去調控松果體分泌褪黑激素。最有意思的是，有些科學家認為松果體就是傳說中的天眼或古人所稱的第三眼。認為松果體落在頭頂上，就像一隻眼睛看著天空，或看著全部。

　　現在你知道了，松果體確實和眼睛是連起來的，尤其對藍光特別敏感。但是，松果體並不是一般人想的第三眼，其實是透過眼睛的神經連結再加上褪黑激素在調控睡眠。

　　過去，我每次聽到對天眼或第三眼做這類「科學化」的解釋，都會跟這些善意的朋友說，這種解釋最多只是部分正確。古人指的天眼，從我個人的角度最多是在表達無所不

在，無所不知，無所不能的意識層面。這就是我在前面透過「全部生命系列」相當多篇幅來表達的。

古人老早知道，我們的意識就像光一樣是個譜。從一個局限的範圍，一直到一個無限大、絕對的意識層面，我們都可以有辦法體會。天眼，其實是在表達這個內心更深的層面，也就是絕對或無限大。

反倒是後人將這個觀念套上松果體的結構，用科學的詞彙去勉強包裝，甚至還認為這和一般所稱為的神通有關——以為透過松果體，我們可以創出另外一個特殊的狀態，或更微細的真實。這麼解釋，反而錯過了真實。

你大概已經注意到，反而睡眠或失眠，對我其實是最好的意識轉變工具。這一點，是前面也提過的。透過睡眠這個主題，我最後是希望，我們一起站在睡眠的角度，共同研究什麼是意識譜，什麼是絕對，什麼是無限大。

值得提醒的是，我過去所講的相對 vs. 絕對，二元對立 vs. 無思無想，有限 vs. 無限，動 vs. 在，其實是兩個不同的意識層面。無限的絕對，並不是靠任何體（無論是身體的哪一個部位）或邏輯上的哪一個觀念可以描述出來。只要可以描述，還是在相對的範圍。也就是說，就連我們在這裡採用

的語言和概念，無論多科學，還是在一個相對的層面在運作。

我們不可能拿身體或任何一個體，來解釋無限大的絕對。然而，每一個人卻都可以體會到祂，這才是我覺得最不可思議的。我才希望透過《好睡》和《清醒地睡》這兩本書，帶你我到更深層面的領悟。

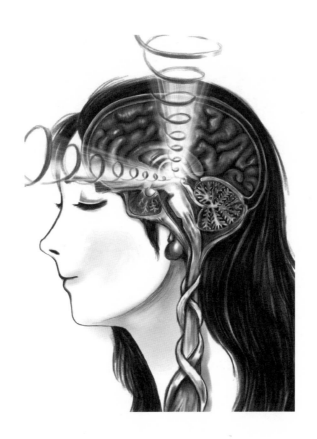

有用的幾個重點：

✓ 人體有兩個系統，一個讓人清醒，另一個讓人想睡。這兩個機制都透過各種神經傳導物質和神經迴路的配合，讓頭腦可以很快達到同步，而能入睡，或清醒。

✓ 要保持清醒，光線有很強的帶動作用，而透過日週期整體的循環，進一步可以調整睡眠。

✓ 松果體，有些科學家認為它就是古人口中神秘的「第三眼」或天眼。然而，松果體其實是被光線調控，透過分泌褪黑激素而影響睡眠。

✓ 絕對和無限的永恆，並不是落在身體哪一個結構或哪一種觀念可以描述出來的。然而，我們雖然無法用語言解釋，卻可能在這一生將無限和永恆的絕對活出來。

眼睛的練習

　　我們一般人都過度用眼，整天專注於眼前的東西，也許是人、文件、書、電視、手機、螢幕。這一點，我認為也是現代人緊張的主要來源。過度用眼，尤其是接收資訊，會帶動整個自律神經系統緊繃。等到晚上該睡覺的時候，更不容易從眼睛的過度疲勞恢復過來。

　　面對這個問題，我過去會帶出兩種練習，希望你可以一起來做。

　　一，躺在床上，做簡單的眼球運動——讓眼球，往左邊、右邊動。往左看，再往右看，兩隻眼睛同方向移動。接下來，眼球同時往上看，再往下看。接著，我們可以同時順時針轉，然後逆時針。

　　每個動作，至少做十次。

　　二，透過觀想，我們把注意擺到身體某一個部位，讓我們把原本聚焦在眼睛的意識落回身體，而得到一個落地、接地的放鬆效果。通常，我會這麼做，從頭頂到腳跟一一掃描

過去：

頭頂，放鬆。

額頭，放鬆。

臉，放鬆。

下巴，放鬆。

每一個角落，我都可以看到，都可以放鬆。

脖子，放鬆。

肩膀，放鬆。

深呼吸，深吐氣，胸部，放鬆。

手，放鬆。

手指頭，放鬆。

肚子，放鬆。

腹部的骨盆，也可以看到，也可以放鬆。

大腿，放鬆。

小腿，放鬆。

腳踝，放鬆。

腳跟，放鬆。

腳趾頭，放鬆。

全部，都放鬆。

　　熟練之後，我們自然會發現，每一個部位的放鬆可以更細，甚至連身體的內臟和器官都可以觀想起來，而接下來讓它放鬆。比如說，我們可以觀想脖子的肌肉、肺部的氣管、心臟、食道、胃、腸道、肝、膀胱……而透過這種集中，把注意力交給有異常或不舒服的部位。

　　當然，這個順序可以從上往下，也可以從下往上，只要自己能夠適應就行。我通常會採用由上而下的順序，畢竟我們每個人都過度將注意力聚焦在頭部，從上往下，比較可以快速放鬆，而恢復穩重。

　　通常，我也會勸大家，夜裡醒來也就做這兩個練習。觀想，可以重複再重複，不用管能不能睡著。只要透過這種每個部位的觀想，自然讓身體得到休息，而降低煩惱的念頭。

08
咖啡因、尼古丁、酒精和睡眠的關係

現代的社會，是極度的快步調，很難給身心自然調整的空間。睡不夠或睡不著的朋友，也自然依賴咖啡因、酒精和其他物質，希望能快速幫助自己抒解疲憊或儘快入睡。

坦白說，咖啡因確實可以誘發一個人清醒，減少疲勞。但大家不知道的是，咖啡因不是讓人有元氣而清醒。它帶來的清醒，其實是去壓制身體面對疲勞的自然反應。

也許你還記得，前面提過身體耗能的代謝產物腺苷，自然會讓人想睡。咖啡因的機制，正好是去阻斷腦細胞的腺苷受體，不讓腺苷發揮作用。也就是說，腺苷引起的疲憊，咖啡因會去阻止，而且是透過同樣的管道。

值得提醒的是，咖啡因的半衰期相當長，大約有 5 個小時左右。喝了咖啡，即使過了 5 個小時，還有一半的咖啡因在體內作用，而難免對睡眠產生影響。當然，咖啡因殘留的

時間長短因人而異，有些人需要很長時間才能排除。我相信，每一位在午餐或晚餐後喝咖啡就會失眠的朋友，都能體會到這種效果。

　　無論透過什麼方法改善失眠，首先要把咖啡和咖啡因減量。

　　也許你認為，那麼，早點喝咖啡，應該就可以避開對睡眠的影響了。但是，我相信我們都沒想到，就連一大早喝的咖啡，到了睡前，唾液裡的咖啡因含量已經幾乎偵測不到，還是會影響深睡。而深睡，從專家和我個人的看法，都是睡眠中相當有恢復力的一部分。

　　可以這麼說，咖啡因，無論什麼時候用，不光影響到睡眠的時間，還會影響睡眠的品質。當然，每個人體質不同，敏感度不同，受影響的程度也不一樣。但是，這個作用大概每個人都避不掉。

　　我接下來用下一頁這張圖表達另外一個重點——依賴咖啡因或任何興奮劑，會進入一種惡性循環。我們每天醒來，面對一整天數不完的煩惱和工作，多半都會認為自己需要咖啡才能清醒。但是，如果不小心過量了，反而會讓人睡不好，甚至睡不著。接下來，又讓人隔天早上更是爬不起來。

就是起來了，也沒有精神，而又認為自己需要咖啡因。

從各個角度來看，咖啡因對睡眠是有影響的。不過，別忘了，人是多個層面的組合，失眠的重點也不會只落在單一個物質。咖啡因確實有作用，但影響不見得那麼嚴重，可能還有其他的因素。

除了咖啡因對睡眠會有影響之外，其實香菸的尼古丁，本身提神的作用，也一樣影響睡眠。在北美、歐洲、台灣，雖然抽菸的人愈來愈少，但是，只要到其他開發中的地區，我們會發現比例還是相當高。

我相信不用我講，你已經想到了。是的，尼古丁和咖啡因一樣地，會影響睡眠的質與量。雖然尼古丁的半衰期比較短，不超過一兩個小時，但是尼古丁的二次代謝物可丁寧（cotinine）還是有作用的，而且在體內的半衰期長達 20 小時。也就是說，即使一天後，還是有接近一半的可丁寧在作用。

　　和咖啡因相同的是，尼古丁會讓人更慢入睡，睡眠變得片片段段，白天沒有精神。同時，讓快速動眼睡眠和深睡都減少。

　　前面提到咖啡因和尼古丁的提神作用，這裡也順帶一提酒精對睡眠的影響。一般人通常在晚上喝酒，在國外會把這種睡前酒的習慣稱為"nightcap"。Night是晚上，cap是一個套子，就好像喝了這杯酒，也就為這個夜晚蓋上一個套子，把它結束。

　　我們一般人都會認為，酒精讓人比較好睡。一有失眠，也自然會想用酒精來克服。確實，只要是酒，無論是小酌或喝多了，一開始都會讓人放鬆，而比較快入睡，而且會延長睡眠的時間，甚至讓人一整晚都不會醒過來。

　　然而，酒精不光讓人想睡，也會影響到我們頭腦運作的效果。我在這裡也要提醒，從睡眠的角度來講，酒喝得多，或長期喝酒，反而會減少深睡的時間，影響睡眠品質。

　　我過去常常說，樣樣的化學分子，都會上癮。我個人認為身體會反彈，也是在抗議，希望我們降低這個物質的攝取。種種反彈，就像是用身體的方法來告訴你，依靠這些物質，不光達不到我們的期待，就連我們不期待的，也會浮出

來。只是，我們一般人不會仔細聽身體的訊息。

不光如此，酒精也會誘發失憶。很多人長期使用酒精下來，自然發現頭腦的記憶力不如過去。不光如此，失憶的頻率會愈來愈高。甚至，醒過來後，可能會忘記夜裡的經過。

我相信這些現象，對愛喝酒的朋友，也是常識。很多朋友跟我分享，就是酒精會引發失憶，才會想要喝酒，希望把痛苦和種種煩心的事昏迷過去。但願醒來後，可以重新面對人生。

從我的角度，當然有更好的方法，像是透過「全部生命系列」來解答這個問題。我相信不需要酒，面對人生的苦痛，也一樣可以找到一條出路。

有用的幾個重點：

✓ 咖啡，很可能是現代人最常用的興奮劑之一。提醒你，喝
　過咖啡的 5 個小時後，還會有一半的咖啡因在體內作用。

✓ 咖啡和尼古丁這類一般認為「提神」的物質，長期使用，
　可能讓身體進入「愈提神→愈疲憊→愈需要提神」的惡性
　循環。

✓ 睡前的酒精，也許能讓人認為自己放鬆而想睡。但長期下
　來，對睡眠的時間和品質，尤其深睡的比例，會有很大的
　影響。

✓ 如果察覺到這些物質的效果開始減弱，可能是身體正在提
　醒我們——該減少它的使用了。

✓ 無論從身心的層面或意識的層面，都可以有更好的作法，
　讓一個人走出痛苦。

【練習】
建立新的生活習慣

說到咖啡因、尼古丁和酒精都會讓我們上癮，其實，從我的角度，它跟我們一般講的習氣（也就是難以戒除的習慣）都一樣，並沒有特別嚴重，也不值得我們操心。

要改變一個多年的習氣，確實不容易。畢竟它已經在頭腦建立一個自動運作的固定迴路，而且多年來不斷透過運作而強化它自己。要突然打斷一個習氣，不光是難，從睡眠的角度來看，也不見得是必要。

就像過去我在《真原醫》所講的，要改變任何習氣，倒不是刻意去消除。反過來，是培養一個新的迴路，也就是新的習慣。這新的習慣，最好是一樣有樂趣，甚至更有樂趣。只有這樣子，我們才有機會在不知不覺間，不費力地轉化過去認為不可能改變的生活習慣。

怎麼去輕輕鬆鬆地改變使用咖啡因、尼古丁和酒精的習慣？

我通常會這麼建議，比如本來每天要喝一瓶酒，首先降

低成一半，喝半瓶就好。少喝的半瓶，透過其他的生活習慣來補足。舉例來說，也許是早餐吃好一點。我在《真原醫》建議過，好的飲食，不光是提高蛋白質的量，還要多攝取好的油脂和高纖維的碳水化合物。天然的種籽，例如豆類和堅果，都是很好的植物性蛋白質和脂肪來源，也很適合在早餐採用。

最關鍵的營養素，其實還是元素，尤其是微量元素。微量元素是我們需要從外頭補充的，而它的提神效果不會輸給咖啡因和尼古丁。我也提過，微量元素會讓身體舒暢和放鬆，氣脈打通。許多朋友只是輕鬆地採用微量元素，就可以讓白天精神集中，而晚上比較好睡。也就這樣子，不知不覺，原本對咖啡因、尼古丁和酒精的癮，也就被取代掉了。

就我個人觀察，少了微量元素的輔助，很難戒掉咖啡因、尼古丁和酒精的癮。我當年回到台灣才會把微量元素的科學帶出來，也特別強調微量元素在飲食金字塔中是落在最頂端的位階。用量雖小，卻不可或缺。補充微量元素，從我個人的經驗，非但可以幫助我們走完改變習氣的過程，還能夠修正身心的失衡（例如睡眠）。

要注意的是，要讓人體能夠吸收，這種微量元素本身需

要是有機螯合的。這些觀念，我相信一般人不會注意到，我才不斷強調它的重要性。

除了採用均衡的飲食、補充有機螯合的微量元素，我也強調調理素的重要性。調理素，也就是神農氏所稱的上藥，本身是許多有機蔬菜或草藥的天然精華。和微量元素一樣，用量雖然少，但會調整我們的體質。通常，我會將微量元素和調理素這兩項，當作調整體質最重要的補助。

要怎麼得到微量元素和調理素？一個很簡單的方法，也就是喝新鮮的蔬菜汁，我在《真原醫》也強調蔬菜汁的好處。新鮮的蔬菜汁，本來就含著各式各樣的植化物和元素，就像是天然營養成分的「彩虹」。這些成分，原本要吃很多蔬果才能得到。然而，透過最單純、最少破壞的技術，我們可以用體積小得多的蔬菜汁，滿足身體的需要。

此外，我們也要去懂什麼是好水。水，和飲食一樣，需要是「活」的。一個人只要自己去體驗，自然會發現某些水比較適合自己的體質。隨著身體需求的變化，適合的水的種類也會改變。

好水和蔬菜汁，對我們的淨化相當重要。不光是加速代謝反應，讓身體活起來，還能讓過去長期累積在淋巴系統的

不良代謝物，能夠交換出去。

　　一個人只要習慣好水，自然會發現，身體的體質會變得輕快。習慣了好的飲食和水，口味也會變得清淡。再遇到咖啡因、尼古丁、酒精和其他刺激物，身體反而會不適應。

　　這些話，都不是理論。飲食的作用，我會在這本書的第五篇再做整理。但更重要的是，我們自己親身去嘗試，去自然發現效果。我甚至認為，一個人只要懂得營養均衡，本身已經帶來一個沒有回頭路的轉變。我們接下來自然會吃得清淡，倒不需要再去補充其他的刺激品或興奮劑，來應付生活。

　　除了妥當的飲食，我們還要懂得運動。尤其在習氣轉變的過程中，更需要運動的支持。一個人懂得運動，會自然發現，透過運動可以刺激代謝，而接下來讓人放鬆。大量運動，對於交感和副交感神經系統回復均衡，有最快的效果。

　　我從《運動新觀念》開始，就將運動分成有氧、健身和拉伸三大部份。健身和有氧，本身可以加快代謝，尤其提高同化作用，等於減緩退化的速度。一個人年紀大了，肌肉本來已經開始流失，透過運動，就像突然進行一個反復的工程。不光在老化的路上踩一個剎車，還讓肌肉量提高，也調

整內分泌的循環。

當年為了幫助有慢性病、失眠和憂鬱的朋友，我在台北成立「身心靈轉化中心」做為示範。接下來，我也透過《運動新觀念》強調「還原六法」的運動。後來，再進一步透過《螺旋舞》和《結構調整》來證明這些原理是有效的。過去，這些實作，已經幫助了許多朋友。

我相信你已經老早想到，我們要取得健康，絕對不是只從單一的層面著手，而是從生活各層面來鞏固身心的均衡。除了飲食和運動，還包括心理的管理、呼吸和靜坐。這些練習，只要採用，也許一兩個星期內就會發現效果。

要提醒的是，一開始的幾天，可能就會有好轉反應。有些人可能會覺得很容易累，也許還會認為是不是身體不對勁。接下來，汗、排泄物和口腔，都有很重的味道。然而，我會提醒這些朋友不用擔心，這其實是身體在排毒，也就是把咖啡因、尼古丁囤積在身體的代謝物排出來。這些代謝產物，長年累積在肌肉或肝臟，現在透過營養和運動的調整，才有機會自然排出來，而讓身體重新歸零。

由於篇幅的限制，我在這裡先提出運動的重要性，接下來也會在這本書的第五篇將運動和睡眠的關係做個整理。至

於執行的細節，希望你撥出一點時間，回頭接觸之前的作品，再進一步自己擬定合適的方法。

　　無論怎麼做，最大的關鍵是隨時抱著感恩和快樂的心情。舉例來說，要建立運動的習慣，一定要讓它成為一種享受，我們才會不斷地想去做，想回到運動。我在《真原醫》就提過，真正要改變習慣，絕對不是突然而大規模的更動。要不然，樣樣改變都是短暫的。我們要做到一個地步，認為新的方式確實帶給我們能量，而會讓我們每天都期待，才會真正建立一個新的迴路，新的習慣。

　　對舊的習氣，我們不用刻意去斷掉，最多是把它降低。不用著急，身體自然會告訴我們要減掉的速度。這種自然而然的調整，不光不會帶給身心不需要的壓力，從我過去的觀察，也很可能就此將習氣轉變了。

　　反過來講，其實也不需要完全戒掉習氣。我們讀到這裡，應該已經發現，一個人要好睡，是透過態度的轉變。心態轉變，比任何習氣的作用都大。既然如此，我們倒也不需要擔心戒不了這些多年的習氣。

　　最後，我還是要再強調一次──失眠既不是疾病，也不是一個重大的問題。用輕鬆的態度來面對，反而可能得到更好的改善。

09
小睡

如果我們擴大範圍，去看看各種生物的睡眠，自然會打開我們對睡眠的理解和認識。

各種動物的睡眠時間和方式都不同，舉例來說，長頸鹿一天只睡 0.5 ～ 4.5 小時，而蝙蝠可能每天要睡 20 個小時。馬、象、羊和牛算睡得少的，一天大概只睡 3 ～ 4 小時。相對地，睡得久的包括狗（一天 10.1 小時）、狒狒（10.3 小時）、恆河猴（11.8 小時）、貓（12.5 小時）、老鼠（12.6 小時）、老虎（15.8 小時）和蟒蛇（18 小時）。當然，這都是觀察養在籠子裡的動物而得到的數據。在野外自由活動的動物，實際睡眠情況也許是不同的。

對習慣平躺在床上入睡的現代人而言，有些動物的睡眠行為也是匪夷所思。比如說，兔子可以張開眼睛睡覺。火鶴可以一隻腳站著睡覺，長頸鹿、馬和大象也有站著睡的好本

事，而蝙蝠更可以倒掛
著睡覺。許多鳥類只要
幾 秒 的「 微 睡 眠 」
（microsleep），就 可 以
繼續正常運作。對我們
而言，幾乎等於沒睡。

　　後來大家用「微睡眠」來描述的這個現象，可以是時間
上很短的睡眠，也可以是空間上腦局部的睡眠。威斯康辛大
學的科學家克魯格（James Krueger）則對腦內局部的微睡眠
很感興趣。在同一時間，有少數的神經細胞在睡覺，但腦的
其他部分是醒的[1]。其實海豚就是這樣，它只有一半的腦在
睡覺，而讓清醒的另一半留意環境的危險，有沒有掠食者入
侵。

　　人也一樣，有時候我們好像在做事講話，突然有幾秒鐘
的閃神，好像有睡，又好像沒有睡。相信你也可能注意過，
或者自己發生過：在開會中，甚至是很重要的會議，尤其是
有些年紀大的朋友會打瞌睡。你會看到他的頭不聽使喚重重

---

[1]　M Krueger, James, and Giulio Tononi. "Local use-dependent sleep; synthesis of the new paradigm." *Current Topics in Medicinal Chemistry* 11.19 (2011): 2490-2492.

地點，甚至還會打呼。接下來，他會努力克制自己，但可能忍不住頭又頓了一下。他是睡著了，睡著的時間也許不到一秒，最多 30 秒左右。對會議的內容，他好像聽到，又好像沒有聽到，不過還可以接話，讓別人覺得他還在聽。

這種微睡眠，或我們說的打瞌睡，你可能最多覺得只是一個有趣的科學事實，但話說回來，我們也知道，如果一個人在開車，或是操作機械時，有打瞌睡或微睡眠的狀況，其實是一個很嚴重的安全問題。

我們也可以觀察自己的行為模式，有些徵兆，確實是身體在告訴我們──該睡了。我們可以一起來做這個「有多想睡」的問卷。

艾普沃斯嗜睡量

依照下列 8 種狀況，我們試著描述自己可能會打瞌睡的程度（不只是疲累，而是真的會打瞌睡）。每種狀況，依照自己最近這幾個月的反應，選擇一個最貼近的答案。如果有些狀況不會發生在你的生活，也試著揣摩看看，當自己在這種狀況時，會是怎樣的反應。

狀況＼分數	從未打瞌睡 0分	很少打瞌睡 1分	一半以上會打瞌睡 2分	幾乎都會打瞌睡 3分
坐著閱讀				
看電視				
在公眾場合安靜坐著（例如戲院裡或開會中）				
坐車連續超過一個小時（不含自己開車）				
下午躺著休息				
坐著與人交談				
沒有喝酒，在午餐後安靜坐著				
開車時，車子停下來幾分鐘				

8 種情況的分數相加

0～5分：白天嗜睡的程度正常偏低

6～10分：白天嗜睡的程度正常偏高

11～12分：輕微白天過度嗜睡

13～15分：中度白天過度嗜睡

16～24分：重度白天過度嗜睡

經牛津大學出版社（Oxford University Press）許可，重製自 Murray JW (1991) A new method for measuring daytime sleepiness: the Epworth Sleepiness Scale. *Sleep*. 14: 540-5.

　　填完這個量表，相信你可以體會到，如果在各種情況下都會打瞌睡，那麼已經是相當疲倦而想睡，甚至可能是生理調控出了狀況而導致的嗜睡。我在這裡還是要提醒：現代的社會步調相當快，對任何事都過度追求一個快速的解答。疲勞，也是一樣。我們等不及放鬆，等不及睡眠，各種提神飲料、咖啡、抽菸，成為一般人最快的選擇。然而，有時候，我們需要的其實只是小睡片刻。

　　我們應該都留意過，吃過午餐，自然會想睡。就算打起精神撐著不睡，也還是會覺得昏沉，甚至相當累。當然，我們也知道，昏沉的程度，跟中午吃的豐不豐盛，吃進多少油脂和熱量有關。但是，你大概沒想過，這個現象，也一樣受到前面談過的日週期所掌控。

　　我們上午處理事情，也正好是我們清醒的時候。然而，處理了那麼多事，過了中午，頭腦已經產生很多的腺苷分子，而讓身體自然想要休息。而且，我們吃完一頓豐盛的午餐，也需要消化。消化，需要腸胃的蠕動。腸胃蠕動，是需要自律神經系統的作用的。不知道你還記不記得，自律神經系統裡，有一部份叫做副交感神經系統，會讓我們放鬆。有趣的是，雖然全身放鬆，腸胃反而開始蠕動。而蠕動，自

然讓血液離開頭腦，集中在腸道。人也就覺得想睡。當然，接下來，日週期和興奮系統會造出一個代價，而讓我們的精神慢慢回來。綜合下來，讓我們在午飯後一兩個小時感到疲勞，最多是打瞌睡。

我到世界各地都發現，不光華人有午睡的習慣，南美、中南美、非洲和南歐的人，也是一樣。然而，在北美，我只聽過墨西哥人用 siesta 這個詞，來講我們都知道的午睡。我當時不懂這個習慣，到墨西哥出差，和當地人約兩點開會。後來發現大家都遲到，反而我這個客人是唯一準時的。接下來，每個人都忙著跟我解釋，午餐後需要 siesta，我才明白。

從我個人的體會，siesta 或我們華人所習慣的午睡，是相當重要的一種休息，可以讓我們身體無論是在能量或放鬆的層面，都可以得到一個彌補。很多專家建議白天儘量不要睡午覺，免得影響晚上的睡眠，從我的角度是剛好相反。我認為，華人午睡是很好的習慣。一天分段的睡覺，對睡眠不光沒有影響，還能幫助一個人充電。

你或許已經發現，就連在午睡這個主題上，我的觀念，和一般醫學專家強調的都不同，甚至可能顛倒。其實，

古人留下來相當多的習慣，都是好的，都值得我們保留。我在這裡所談的，最多是透過個人的體驗，再加上對週邊朋友的觀察，最後，也只是證明古人許多寶藏都是正確的。

有用的幾個重點：

✓ 人會打瞌睡，科學家也觀察到無論人和動物，都有「微睡眠」的現象。也就是只睡很短的時間，或是只有腦部的某個區域在睡。

✓ 如果很容易打瞌睡，也就是身體在提醒我們──該休息，甚至該睡了。

✓ 一個人想睡，或精神的起伏，也只是反映身心的運作。而這個運作，在生理的層面上，相當程度受到日週期的影響。

✓ 如果你有失眠，午睡或其他時間的小睡，可以為你充電。

【練習】
休息

這個練習相當簡單，而且是你可能已經有的習慣——午飯後，小睡片刻。

假如已經有這個習慣，恭喜你，你其實已經在做這個練習，最多只要繼續保持下去。這段難得的空檔，就算沒有睡著，但是有打瞌睡或休息，也值得恭喜。不要小看打瞌睡和單純休息的重要性，對我們身心的整頓作用是相當明顯的。這一點，不需要我再多說，相信你自己都知道。

我會建議還沒有這個習慣的朋友，不妨試著中午休息一下。

什麼叫做休息？也就是不要拿這段時間繼續閒聊或接收資訊，而是找一個安靜的地方，給自己一點時間，也許靜坐，也許只是發呆、不講話，讓自己有一個機會充電。時間一長，不知不覺也許就開始打瞌睡。這時候，可以採用這本書的各種練習，比如舌抵上顎、深呼吸、規律呼吸、淨化呼吸、鼻孔交替呼吸、隨息（也就是發呆）把自己的中心找回

來。

　　只要養成這個真正休息的習慣，你自然發現，我們一天隨時都在動，而且不光是身體在動，而是思想在動。再配合五官的刺激，各種「動」其實從來沒有停過。我們一天要不斷地要看，耳朵要聽，身體要感受到一些刺激，讓我們不會感覺無聊。這種資訊的過度刺激，隨時讓交感神經系統過度活躍，接下來，要在很短的時間睡著，幾乎是不太可能的。

　　我們只要白天給自己一點空檔休息，自然也就發現晚上回到家不見得要匆忙地看新聞、追劇。其實，我們大可把眼前看到、耳朵聽的都去掉。何況，新聞幾乎都是負面的。不追這些資訊，不光損失不了什麼，反而還讓我們體會到什麼是寧靜。

　　我以前也常建議朋友晚上不需要太亮的照明，不見得需要開燈，而可以點幾根蠟燭。在美國的人，冬天可以用壁爐。火焰的光，帶來一種安定的力量，是大多數人一生沒有仔細體會過的，每個人都不妨體驗看看。夜間點蠟燭，或冬天坐在壁爐旁發呆休息，這樣的安排不光可以很輕鬆地取代五官和資訊的刺激，也帶來一種寧靜，自然符合接下來的睡眠。

　　不給自己這種休息的空檔，反而讓我們日夜步調的落差太大，而讓身心轉換不來。仔細觀察我們自己，夜裡失眠，其實也反映了對刺激的期待。刺激的表達方式，最多也是失眠。

　　我們繼續深入下去，自然發現不光資訊、五官的刺激，就連我們白天所累積的知識都不重要。各種知識，最多只是帶來一層沒有必要的負擔，和我們的生活運作和生存其實一點都沒有關係，只是我們多年來都沒有發現。知識和資訊本身也是一種癮，而這種癮不會比酒精、咖啡因、尼古丁更小。甚至它讓人更上癮，只是我們自己不知道。

　　不知不覺中，我們也發現自己一天下來都在不斷講廢話。講的話，不光跟正事不相關，還讓身心的舒暢大打折扣。其實，只要白天少講話，而且是有意識的少講話，本身已經帶來一個反復的力量。

　　講話的習氣太重，讓我們嘴巴不停地動，不光刺激交感神經的作用，還將這個習氣帶入夜間的睡眠。讓我們即使睡著了，還是用嘴巴呼吸。睡眠中張嘴呼吸，還會造出另一個層面的問題，我會在下一篇〈好呼吸，好好睡〉仔細談，並且介紹一個妥當的解決方法。

　　我們懂了自己身心的失衡，最多也只需要下定決心，找
回本來就有的中心。這樣子，任何方法都可以來幫助自己。

10
打哈欠，伸懶腰，帶動自律神經放鬆和氣脈暢通

其實，理論再多，我們還是要很踏實地回到練習，才有直接的幫助。就像在這裡談到自律神經系統、生理時鐘、日週期帶來的疲倦和休息，主要是為了帶出接下來的「打哈欠」的練習。

我過去在活動或演講中，只要記得，都會和大家一起練習打哈欠。打哈欠，對我們的頭腦，包括自律神經系統和內分泌，帶來一個最好的重新設定的作用。這個練習就是這麼重要，我才會用獨立的一章來談。

人疲倦的時候，自然會打哈欠。甚至，連動物都會這麼做。我們不由自主地打哈欠，再加上伸懶腰，透過徹底的拉伸，反映身體各個部位的疲倦，而得到一個同步。這時候，打哈欠，就像是身體的語言，告訴我們，該睡了。

我們剛起床時也是一樣，會瞇起眼或閉起眼睛打哈欠、伸懶腰，反映身體本來的放鬆。透過這兩個動作，再進一步徹底拉伸整個頸部和臉部的肌腱。不光可以放鬆臉孔和頸部的神經，還有伸展耳膜，打通耳內歐氏管的效果。也許我們都經驗過，在飛機上或搭車經過隧道時，有時候會因為氣壓變化而覺得耳朵塞住。這時候，打個哈欠，也可以把耳朵「打通」。打哈欠，再加上伸懶腰時，頭往後仰，伸展背部，連整個脊椎都跟著放鬆。

很少人知道，準媽媽肚子裡的胎兒在 6 個月大之後，就會打哈欠。這個動作在人類發育的階段很早就出現，而且爬蟲類、魚類、鳥類、哺乳類都有。從生物演化的角度來看，科學家會認為是很基本的生存反應。透過簡單的打哈欠，無論是人或動物，都可以將注意力集中，來面對睡眠或是醒來後的狀態。

打哈欠，對體溫還有一點調控的作用，有些科學家認為特別是為了讓進入腦部的血液溫度降下來[1]。腦部要在一定

---

[1] Gallup, Andrew C., and Gordon G. Gallup Jr. "Yawning and thermoregulation." *Physiology & Behavior* 95.1-2 (2008): 10-16; Gallup, Andrew C., and Omar Tonsi Eldakar. "The thermoregulatory theory of yawning: what we know from over 5 years of research." *Frontiers in Neuroscience* 6 (2013): 188.

的溫度範圍裡運作才會有效率，對過熱是相當敏感的。我們也可能都觀察過，在炎熱的夏天，人更容易打哈欠。有意思的是，有時候人明明不累，卻一直想打哈欠。舉例來說，跳傘員準備從飛機往下跳，奧運選手上場前，可能都會忍不住想打哈欠。這種反應，從體溫調控的角度可以這麼解釋：壓力和焦慮讓腦部溫度升高，打哈欠可以把腦部溫度降下來。此外，也有人認為打哈欠時進入腦部的血液，可以加快神經傳遞物質的作用，讓我們反應變快，而可以保持清醒。

當然，打哈欠的全身同步作用是多個層面的。舉例來說，打哈欠還會讓心跳加快、肺活量變大、眼睛張力升高。這些作用，是一般的深呼吸所沒有的，就好像反而把我們的生理作用先提高起來。我們只要打哈欠，馬上就可以體會到精神上的提升，接下來帶來注意力的集中和身心的同步。是這樣，才能幫助我們完全投入眼前的任務。

我們仔細觀察，現代人過度依賴嘴巴講話，隨時用眼睛在看，用耳朵在聽。於是，前面所談到的交感神經過度作用，本身就是從頭、臉開始緊繃的。我們自己也會觀察到，只要打哈欠，自然會流眼淚，而讓耳朵和嘴巴開始放鬆。就這麼簡單的一個動作，不光可以集中精神，也讓人覺得輕

鬆。

打哈欠，不光是臉部，其實是全身包括心血管都會跟著放鬆。從血壓和脈搏的數字，就可以直接反映出它放鬆的效果。

一個人，隨時打哈欠。早上一起來，任何休息時間，中午、晚上、甚至睡前，都主動打哈欠，也就自然發現這是最好的放鬆和拉伸的運動。

當然，前面是從西方的科學來談打哈欠的作用。但是，我過去發現，它也帶來另外一個層面的效果。一個人要睡著或好睡，其實是靠氣脈打通。這裡講的氣脈，不光包括身體主要的脈輪，更是身體的全部氣脈都要放鬆。

如果我們要用科學的角度來解釋氣脈，它最多只是意識帶來的一個比較高速的螺旋場。意識本身就是螺旋，但這個螺旋可能快，也可能慢。假如慢到某一個地步，意識就轉成物質，包括肉體。假如速度快，自然代表我們意識更深的層面。這個層面，也就是我用無限、絕對、一體、心這些詞所想要表達的。

氣脈，其實倒不是在我們身體上一個具體的點或結構，但它也離不開我們身體的一些功能，包括情緒、思考、

繁衍、創意。就好像螺旋場慢到一個地步，自然產生一些身體的功能，而在身體可以分出第一到第七脈輪，甚至還有更細的分類。這一點，我在《靜坐》和《短路》都談過。

中醫的經絡，則是更慢的意識場，已經落在身體的層面。我才會在《結構調整》說，筋膜的分布和作用，就可以解釋身體的經絡。也只有這樣子，在具體的穴位下針，才有效果。

這種解釋，可能跟我們一般聽到的都不一樣。過去幾十年來，我沒有聽過別人這麼解釋，自己也沒有這麼跟任何人分享。

我認為這種結合了意識場或高速螺旋場的解釋，是完全科學的，而早晚會被驗證出來。

回到打哈欠，我們一再重複練習，自然會發現它對頭腦氣脈的暢通有很大的效果，也才會讓我們感覺突然放鬆了。打哈欠，對睡眠的幫助，不是光透過單純的肌肉和神經放鬆，而更是讓我們從一個很窄相對的範圍，慢慢退到一個更廣更大的層面。我認為，是在這個層面上作用，才會有那麼好的效果。

有用的幾個重點：

✓ 打哈欠，是人體疲勞時的自然反應。6 個月大的胎兒，就已經有打哈欠的動作了。

✓ 有意識的練習打哈欠，也就自然帶動身體放鬆，甚至帶動臉部、肩頸做一個徹底的拉伸，消解疲勞。

✓ 意識的螺旋場，或說生命場，落在身體的不同層面，也就是古人早就指出來的氣脈、脈輪和穴道。睡眠，從能量的角度，也可以說是全身氣脈的放鬆。

✓ 打哈欠，讓我們從眼前的世界暫時退出來，落到一個更深的範圍，自然帶來很大的恢復效果。

【練習】
打哈欠

　　打哈欠的運動，很簡單。最多只是把嘴巴張開，模擬我們每一個人都知道的哈欠的動作。

　　我通常會請大家用手一起配合，尤其在公開場合打哈欠時，我們自然會想摀住嘴巴，不讓人看見，而可以讓嘴巴張得更開。這其實已經是一個本能反應。對很多人，尤其女士，這個動作幾乎就等同於打哈欠的一部分。此外，我還會提醒大家，打哈欠要發出很滿足的「啊」的聲音，要很認真地投入。

　　把打哈欠當作一個運動或練習，至少要重複 10 次。當然，次數愈多愈好。我過去都會建議大家，可以做到 50 次。一次做不了那麼多，也沒關係。可以分段完成，作用一樣會累積。我常常跟朋友開玩笑，試試看，能不能一天做到 100 次。

　　重點是，任何時間都拿來練習。也許是休息的空檔、剛忙完手上的一件事、準備上班、下班、離開辦公室，更不用

講晚上睡前、早上起床都要打哈欠。一直做，直到它變成你一天固定的習慣。你不知不覺會「上癮」，自然發現只要打哈欠，也就為我們集中注意力，讓臉部的肌肉重新同步而放鬆。

【練習】
伸懶腰

你可能也發現了，多做幾次打哈欠，就好像這種臉部的大放鬆，自然帶動另一個更大的反射動作，也就是伸懶腰。

我過去在各式各樣的活動，也請吳長泰老師示範，兩隻手往上舉，手掌交叉在頭頂上勾起來。這個反轉拉伸的動作，我也稱為「反復」，其實和伸懶腰是一樣的，自然展開我們腋下和肩背的肌肉。

當然，這種伸懶腰的伸展動作，可以有很多變化。我在《運動新觀念》帶出來「還原六法」，就是最好的拉伸動作。後來，我在《真原醫》書附的光碟也帶出螺旋拉伸，在《結構調整》帶出更多反轉拉伸的動作。

在這裡，這一個伸懶腰的練習，最多是配合打哈欠的動作一起進行，也就夠了。一樣地，至少要做 10 次，甚至更多，才可以達到徹底放鬆的效果。

值得提醒的是，「反復」這兩個字，無論運動或是面對睡眠，其實總結了「全部生命系列」的觀念。這兩個字是在表達，過去我們透過生活習慣帶給自己許多制約（我過去也稱為「洗腦」），自然把我們的心態或意識狀態固定了，包括失眠。要從失眠、從這個人間走出來，我們必須要做一個「反復的工程」。

反復愈徹底，我們調整身心的程度也愈大。針對這一點，我接下來會透過一個個練習，充分將這個觀念打開。

四、好呼吸，好好睡

要改變睡眠的品質或解決失眠，前提是生命全面的轉變——
徹底改變你我的生活習慣。這一點，不只幫助我們走出失眠
的困擾，更可貴的是，還能讓生命的架構煥然一新。

全面改變生活習慣，並不像我們想像的那麼難，最多只是心
態和思考方式的轉變。

首先，我們要下一個決心——在這一生要告一個段落。告一
個段落的，不只是睡眠好轉或不好轉。畢竟，從我的角度來
看，睡眠是身心失衡的果，倒不是各種身心問題的因。

要告一個段落，指的是——心態和思考方式徹底的轉變。我
透過「全部生命系列」想帶出來的主要觀念，也就是這一
點。我們明白自己這一生來，其實是為了找回真正的自己。
這個自己，並不是我們從出生到現在自以為的身分或角色。

心轉，一切自然會跟著轉，包括我們生活的習慣，更不用講睡眠的品質。對我，睡眠，最多也只是我們下定這個決心附帶的後果。

接下來，我會透過〈好呼吸，好好睡〉這一篇，將我認為最重要的觀念帶出來。例如，睡眠離不開自律神經系統的運作，離不開交感和副交感神經系統的平衡，更離不開呼吸。交感和副交感神經作用的均衡，倒不是只靠睡眠而來。剛好相反，是透過我們一整天運作的均衡，才能達到好睡。

呼吸，其實是影響自律神經系統最直接的方法。我在許多場合帶出來各種呼吸的練習，相信你也可能接觸過。可惜的是，我們一般人身心過度緊繃，很少用正確的方法來呼吸。我在這一篇，會帶出我認為重要的一些修正方法。

這裡的練習，只是反映我多年來一再見證到的——光是這些簡單的呼吸方法，就可以幫助許多人。就我多年來的觀察，只要認真進行這本書的練習，失眠的問題、睡眠的品質都可以大幅度改善。正是因為呼吸這個題目，重要到一個地步，我才將它獨立安排成一篇，希望為你帶來對睡眠、對生命整體的幫助。

01
養成鼻子呼吸的習慣

　　我們面對白天和晚上心態的落差減少，自然就不會只依賴晚上來得到徹底的休息，而是隨時都可以休息。這一點，我認為是最關鍵。白天的運作，徹底影響我們的均衡。我們才要吃好，好好運動，享受完整的好光線，好的心理管理。同時，一整天的均衡，更是離不開好的呼吸。

　　站在《好睡》這本書第一篇呼吸練習的基礎上，我會在這裡更深入，讓我們能好好從呼吸著手。

　　我們即使不吃不喝，也可以活上好幾天，但是，只要幾分鐘不呼吸，就會失去肉體的生命。一般人，平均每天要進行 26,000 ～ 28,000 次呼吸。在夜裡，呼吸速度會慢下來，平均 8,000 ～ 9,000 次。

　　我們都能體會到營養、睡眠和運動對健康的重要性，也可以體會呼吸和自己狀態的關聯。舉例來說，心情放鬆，呼

吸自然比較深長。緊張、焦慮或忙碌，呼吸也就比較短淺。但是，很少人會留意到呼吸與睡眠的關係。

　　呼吸是一個自主、可以隨我們意志驅動的生理功能，又同時是一個不需要刻意去動、自然會運作的功能。既是意識的作用，也是無意識的運作。我們可以刻意去改變呼吸的步調，在一定的範圍內，想快就快，想慢就慢。然而，就算我們在走路、在聊天、在工作、在用餐，甚至睡著了，沒有想到呼吸，它還是會自動進行。

　　呼吸，在神經系統上的控制，同時屬於隨意和不隨意的範圍。這種特色，是呼吸才有的。我們無法對心跳和消化系統做同樣的要求，並不是我們想心跳快，就可以讓心跳變快。也不是想要消化變慢，就能讓它變慢。當然，只要練習，或許還是可以辦得到。只是，這並不是一般人可以透過意志力隨心所欲調整的領域。我們很難透過刻意的去「開」或「關」身體某個部位，就影響到那一個部位的功能。

　　然而，呼吸，讓我們有這種選擇。我們只要觀察，就會發現幾乎每一種調整身心的法門，尤其瑜伽，都相當強調呼吸的重要性。而且，各種法門都會讓呼吸成為一個可以自我鍛鍊，而整頓身心的方法。

　　我們只要有意識地把注意力落在呼吸上，讓全身的步調慢下來，自然放鬆，長期下來，新的步調自然也會擴散到生活的各個角落。甚至，就連睡覺時的非自主呼吸的頻率都會受到影響。就是我們睡著了，沒有辦法刻意地用意識調整，反而呼吸也跟著慢下來了。

　　其他生理功能，都達不到這個效果。畢竟，其他由自律神經管制的心跳、消化、血液、排泄、流汗、體溫……都不是我們能隨時控制的。只有呼吸，我們可以用意識去調整。我才會再三強調，透過呼吸是可以轉變生命，也同時帶動睡眠的轉變。

　　我們將注意力集中在呼吸，這樣的練習不光可以讓呼吸放慢到一個地步，甚至可以將這種慢的步調共振到身體每一個部位，讓身心整體的反應包括代謝都緩下來。這個觀念，也就是我過去所講的諧振（coherence）。就好像透過呼吸的步調，我們身體的每個角落突然跟著一致地運作，輕鬆不費力地讓呼吸進入每一個細胞、每一個器官。

　　我們不用擔心這種慢速度的呼吸是不是可能有負面的影響，例如氧氣不足。事實，其實是剛好相反的。

　　我們一般在呼吸時，只會打開一小部分的肺泡

（alveoli）。肺泡，就像一個個小泡泡，負責在肺部內空間和微血管間交換氣體。慢慢的深呼吸，透過橫膈膜肌肉的牽動，讓肺部在吸氣時可以完全擴張，打開更多肺泡，幫助氧氣進入血液。慢慢的深呼吸，讓人放鬆，再加上提升血氧濃度，可以說是完全恢復健康最關鍵、最重要的第一步。

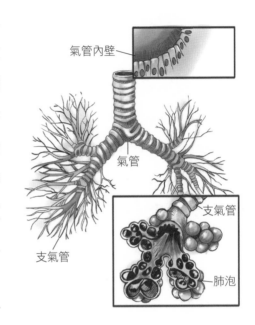

氣管內壁

氣管

支氣管

支氣管

肺泡

　　呼吸最主要的功能，是為體內的組織提供氧氣，同時讓代謝所產生的二氧化碳排除。如果沒有鼻塞，也不是在逃命狂奔，我們本來都可以順利的使用鼻子來呼吸。有些人會誤以為透過嘴巴呼吸，可以得到更多的新鮮空氣，而提高血液的含氧量。然而，一般人的血液含氧量本來就已經接近飽和（差不多是飽和濃度的 95%），即使再用力呼吸，也不會增加多少，反而還會影響二氧化碳的平衡。

　　各種呼吸的方法，也可說是古人的「氣」的科學。對古人而言，氣是整合身心一切作用的元素。我們把注意力輕鬆地落在呼吸上，也只是運用了古人「意到氣到」的原理（attention begets energy），讓氣血在體內自然循環，而補充身體各部位的能量。

　　前面提過，現代人太過依賴嘴巴講話。此外，再加上日漸普遍的過敏、鼻竇炎、鼻塞等等問題，更是容易不自覺地張開嘴巴呼吸。我們很少想到，這種呼吸方式非但沒有效益，還會讓人昏昏沉沉，白天打不起精神。

　　這個現象，不是現在才觀察到的。1581 年，荷蘭醫師勒維努（Lemnius Levinus）就已經發現，仰睡時張開嘴巴，會讓人睡不飽而容易累。近 300 年後，1861 年，深入當時荒涼的美國西部為印地安原住民畫相的凱特林（George Catlin）也在作品中提到用嘴巴呼吸，和打呼、白天打不起精神、身體不健康是有關的。到了 1960 和 1970 年代，美國鼻科學會創始人、開創了許多鼻腔手術方法的柯特爾醫師（Maurice Cottle），後來也提倡用鼻子呼吸對睡眠品質、白天精神和健康的重要性。

　　用鼻子或是嘴巴呼吸，其實還跟我們的神經系統與壓力

反應有關。我們可以想想看，什麼時候會用嘴巴快速的呼
吸？

　　只要你用嘴巴大口呼吸幾次，大概就會馬上連想到跑得
上氣不接下氣的畫面。是的，用嘴巴呼吸，我們的身體會當
作是要應付大事情了。也許是要逃離捕食者，或者要追趕公
車。科學家讓剛生出來的小動物透過嘴巴呼吸，沒幾天，就
會發現小動物的腎上腺開始膨大，比起用鼻子呼吸的對照
組，它們體內的壓力荷爾蒙皮質醇的濃度是 1000 倍[1]。你也
許還記得，腎上腺和皮質醇都和壓力有關，會有這些現象，
也就是交感神經受到過度的刺激。也就是說，即使什麼事都
沒有發生，光是透過嘴巴呼吸，對身體而言，就是足以引發
壓力反應的訊號。

　　無論是人或動物，在這種壓力反應下，心臟會比平常跳
得更快，血管會縮緊，想送更多血液到肌肉去，流到消化道
和其他器官的血流量也就減少了。我們可以想像，用嘴呼
吸，除了誘發人體的壓力反應，導致高血壓，長期下來，也

---

[1] Padzys, Guy Stéphane, and Linda Priscillia Omouendze. "Temporary forced oral breathing affects neonates oxygen consumption, carbon dioxide elimination, diaphragm muscles structure and physiological parameters." *International Journal of Pediatric Otorhinolaryngology* 78.11 (2014): 1807-1812.

會讓人沒有精神，對心血管
系統的耗損也相當大。

　　鼻子呼吸還有各式各樣
的好處，包括活化迷走神經
和副交感神經系統。後者也
就是我們放鬆的系統，幫助
身體修復還原。就像右圖所
畫的，鼻子呼吸也會過濾空

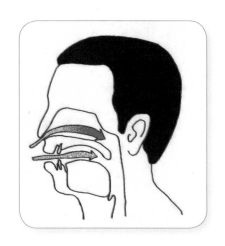

氣裡的灰塵、黴菌和細菌，還讓吸進來的空氣可以慢慢變
濕、調整溫度，達到更適合進入肺部的溫濕度。這是透過嘴
巴大口呼吸所沒有的作用。

　　你可能也聽過有些人用鹽水洗鼻子，希望做體內的清潔
和淨化。但是，在我個人看來，倒是不需要這麼做。鼻子呼
吸，本身就會促進呼吸道產生一氧化氮。一氧化氮是一種小
小的分子，對細菌、病毒、真菌有消毒的作用，而降低感冒
或肺炎等肺部感染的機率。

　　更重要的是，一氧化氮也會使血管和支氣管放鬆擴
張，降低血壓，並且促進呼吸的效率。最不可思議的是，只
要開始用鼻子呼吸，建立氣管放鬆擴張的良性循環，會讓整

個系統不斷繼續放鬆。這麼做，非但讓呼吸慢下來，變得深長，自然帶來身心安定的作用。

總而言之，鼻子呼吸可以幫助我們降低壓力、焦慮、氣喘、頭痛、疲勞和呼吸感染的機率。長遠下來，對身體可能還帶來更好的影響。

針對睡眠，我透過這本書的練習，其實一直在強調一個觀念，希望我們能好好正視。

人，只有人，會不斷地用嘴巴在講話，在做溝通。沒有另外一種眾生或動物，像人一樣有本事，可以從早到晚都在講話。甚至連睡眠中，有時候做夢，都還會講話。即使沒有講話，腦也在不斷地想。其實，念頭本身就是話的延伸，或者說，話，是發出了聲音的念頭。最多，也只是兩面一體。

其他的動物，發出聲音，最多只是因為面對危險，或是偶爾和其他同類做一個互動。但是，只要我們觀察，動物大多數時間都是沒有聲音的，包括靈長類也是如此。當然，溝通能力可以說是人類那麼發達而可以和其他動物區隔的主要原因之一。我們不光可以在口頭上溝通，接下來還進一步發展出文字，透過文字又可以得到紀錄，人的歷史和文明也就是這樣來的。

　　雖然溝通是人類最寶貴的工具，但是，我們要講話，是
氣流通過聲帶才有聲音。可以說，只要開始說話，也就是透
過嘴巴在呼吸。於是，呼吸的優先順序顛倒了，反倒成了嘴
巴呼吸為主，鼻子變成配角。一天下來，幾乎沒有哪一刻，
我們是不用嘴巴呼吸的。我才會在前面提到，過敏、鼻塞等
等原因，只是讓嘴巴呼吸變得更嚴重，倒不是導致嘴巴呼吸
的主因。

　　我們一整天都這麼用嘴巴呼吸，而要突然轉到全面的鼻
子呼吸，是不可能的。我們的嘴巴隨時都張開，就連睡覺時
也一樣。如果口腔後方的軟顎（soft palate）和保護氣管的
小舌（uvula）再稍微鬆弛而下垂，在睡眠時堵住了一部分
的呼吸道，呼吸時氣流的阻力，造成軟組織的共振，也就發
出了打呼的聲音。不少
人在三十幾歲以後，自
然開始打呼。打呼的情
況如果嚴重，還會使睡
眠中斷。這一點，我在
後面會解釋。

　　講到這裡，只要睡

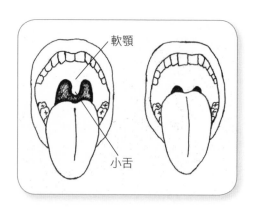

軟顎

小舌

覺時身邊有人，每個人都應該體會得到，打呼是一個可能影響伴侶關係的重大問題。一般通常是男生容易打呼，而好像是女生在忍受。然而，到了一定的年齡後，幾乎每個人都會打呼。在我看來，打呼最多只是反映了我們平時不斷用嘴巴呼吸、講話太多的習慣。這一點，可能和一般人的想法又大不相同。

你現在回頭看，也就會發現我已經透過前幾個練習，開始修正嘴巴呼吸的問題，而讓我們自然改用鼻子來呼吸。舉例來說，只要你做舌抵上顎的動作，呼吸自然轉成由鼻子來進行。

這是古人留下的一個大秘密，我過去沒有機會把這個理論做個徹底的分享，也沒有這麼解釋過。未來，如果有可能，或許可以再寫一本《呼吸的科學》將呼吸這個主題完全打開。在這裡，我最多針對和睡眠有關的來談。

前面講的深呼吸的練習，一樣地，最多也只在強化鼻子呼吸。這是清醒時候的練習，那麼，要怎麼讓我們睡著了，也用鼻子呼吸呢？首先，在晚上睡覺前，我們在白天就要先懂得怎麼用鼻子呼吸，這也是接下來這幾章的的重點。

有用的幾個重點：

✓ 呼吸，是少數同時兼具隨意和不隨意反應的功能。我們可以在清醒時，用意志去調整呼吸。然而，即使我們睡著了，呼吸還是會自己進行。

✓ 呼吸，是可以透過有意識的鍛鍊而調整步調的。透過清醒時的練習，我們甚至可以影響入睡後的步調和狀態。

✓ 用鼻子或是嘴巴呼吸，跟我們的神經系統與壓力反應有關。光是透過嘴巴呼吸，對身體就足以引發壓力的反應，而不利於睡眠。

✓ 透過鼻子呼吸，我們自然體會到呼吸拉長，也會放鬆而感到穩重。

✓ 睡覺時張嘴呼吸，其實反映了我們平時過度依賴嘴巴、講話太多的習慣。而可能再進一步演變成打呼，影響親密關係與健康。

✓ 白天隨時舌抵上顎，我們自然養成鼻子呼吸的習慣。

【練習】
Shut up. 不講話

　　鼻子呼吸的習慣，對睡眠和體質轉變，是一個主要的關鍵。

　　要培養鼻子呼吸的習慣，最簡單的方法也只是閉起嘴巴不講話。我才會用 "Shut up."「不講話」這個標題來提醒。

　　這個練習，搭配前面提過的舌抵上顎一起做。嘴巴不講話，再加上舌頭頂在上顎，我們自然會用鼻子呼吸。鼻子呼吸，不光改善睡眠，本身還是健康最重要的門戶之一。

　　一整天，我們可以試著分段練習。而這個練習相當簡單，最多只是不講話。最好能寫一張小紙條，記下設定的練習長度。將小紙條放在眼前，隨時提醒自己。

　　當然，你也知道，其實只要認真做舌抵上顎，也自然不會再用嘴巴呼吸。但是，我過去發現，對一般人而言，光是舌抵上顎還不夠。沒有守住不講話的原則，一遇到事或有人打擾也就開口說話了。一開口，不知不覺可能都在講不重要的話。心散亂了，舌抵上顎和鼻子呼吸的時間也跟著減少

了。

反過來，如果能守住這一段時間，知道自己要做「不講話」的練習，也就比較容易記得。

一開始，我們先設定至少半小時完全不講話。接下來，再增加到一小時或更長的時間。設定一個整數作為目標，會讓我們比較容易記得。尤其週末是難得的練習機會，最好把不講話的練習時間加長，甚至是平日的 3 到 4 倍。

我們只要認真做，自然會發現，一天需要講話的機會，並沒有自己原先以為的那麼多。進一步，我們還可能體會到，自己平常講的話，並不像過去想像的那麼重要。有些朋友會跟我坦白，這麼練習下來，才發現原來一整天都在說廢話。要不發泄情緒，要不就是在談別人的是非。說再多，一點重要性都沒有。相較之下，透過不講話的練習，我們反而可以守住中心，穩重地面對別人，面對自己。

透過這麼簡單的練習，我們也就體會到舌抵上顎和鼻子呼吸的重要性。

這種練習，讓我們一定只用鼻子呼吸。透過鼻子呼吸，我們自然也把血液氧氣濃度提高，達到飽和。許多朋友都想知道──就這麼簡單的練習，真的會帶來那麼大的影響

嗎？然而，只要練習幾天，他們自然會回報，白天疲勞、隨時想打瞌睡的情況減少了。甚至，減輕的程度超乎想像，讓他感覺不可思議。

現在，回顧這本書的練習，你自然會發現，各式各樣的方法，和保持鼻子呼吸都是一致的。舉例來說，第一篇有一個練習「不再跟別人分享自己的睡眠問題」。這不光是從心態上著手，不再強化自己的睡眠問題，同時也讓我們省去為了說話分享而附帶產生的嘴巴呼吸的負擔。

這類練習，只要做，自然會讓我們體會到，平時透過五官刺激而得到的資訊帶給自己多大的干擾。舉例來說，很多人認為一定要看新聞。這一點，其實也可以作為一個練習──試試看，可不可以一整天避開新聞，或至少避開負面的新聞。只要做，你自然會發現，幾乎絕大多數的新聞是負面的。此外，你也可以體會到，這些資訊並沒有絕對的重要性。少了它們，生活也不會多出什麼問題。

不妨就這麼試試：晚上，空出半小時或一小時，特別將網路、電視、手機全部都關掉，甚至整個晚上或整個週末都這麼做。白天，可以透過運動、靜坐和練習，取代平日追逐資訊的習氣。到了晚上，將燈光調暗或點蠟燭。這些練習，

我在第三篇都提到過。現在你知道了，除了讓自己享受寧靜，同時也讓嘴巴休息，讓呼吸轉由鼻子進行。

只要做，你自然能體會到，鼻子呼吸，對睡眠有一個核心的重要性。我們白天不斷試著用鼻子呼吸，也就自然將白天清醒和夜間睡眠的差異一點一點消除（包括意識狀態、自律神經系統的均衡、血氧濃度、休息程度）。

這一來，我們也不費力地消失對睡眠過度的期待。

我們過去可能還認為夜裡非睡幾小時不可，或認為只有晚上才應該徹底休息。到這裡，我們也會發現都不重要了。既然白天已經隨時把身心的均衡找回來，倒不需要只靠晚上幾小時的睡眠來補救。

一個人沒有這方面的壓力，也就像度假一樣，自然沒有睡眠的壓力。沒有壓力，也沒有失眠好談的。

02
呼吸，意識轉變的十字路口

你可能還記得，我在《真原醫》提過一位烏克蘭的醫師布泰科（Konstantin Pavlovich Buteyko, 1923–2003）。布泰科在 1950 年代提出以下的理論：如果我們用嘴巴呼吸，所帶入的氣體量，會遠遠超過身體的需要。這時，身體反而會透過吐氣放出更多的二氧化碳，讓血液裡原本處於平衡的二氧化碳減少（hypocapnia）。血中二氧化碳降低，會使血管緊縮，血壓升高，而讓腦部血液流量也跟著降下來。

此外，氧氣在血液裡的運送，是透過紅血球的血攜帶。血色素的分子要能抓住氧，也要能放出氧，氧氣帶到體內需要的地方。然而，血液裡的二氧

持一定的濃度，才能夠讓血色素放掉氧。用嘴巴呼吸，血中二氧化碳降低太快。身體內造不出足夠的二氧化碳濃度落差，反而讓遠端的組織，例如腦，更得不到氧氣。

無論是白天或晚上，用嘴巴呼吸會使身體輕微缺氧，讓人容易頭痛，總覺得腦袋不清楚，渾渾沌沌，感覺疲勞。長期缺氧，還可能進一步導致器官功能異常，提早老化，而容易有心血管的毛病。

我之前在教書時會強調，身體有各式各樣的替代性調整機制，也就是一般所稱的「代償」。血液的各種生理參數，包括酸鹼值、氧氣濃度、二氧化碳含量，對生存都是關鍵。既然是關鍵，身體也自然有各式各樣的方法來代償。

其中，呼吸的作用是最快，而且是可以讓我們用意志控制的，想快就快，想慢就可以慢。光是調整呼吸，就能帶來強大的整頓。舉例來說，透過快速呼吸（尤其嘴巴張開），就是降低血液酸度的有效方法。

身體出現代謝性酸化（metabolic acidosis，血液和體液過酸）時，也會透過嘴巴呼吸來調整血液的酸鹼值。我們從事激烈運動、吃太多產酸的食物或腎臟無法生成碳酸氫根離子（HCO_3^-），都可能使體液的酸度增加。在這種情況下，

身體自然會想用嘴巴呼吸，就好像透過過度換氣，來降低血液裡的二氧化碳，讓血液酸度降低，變得比較鹼。

但是，在身體上，任何事都有後果。沒有一個機制可以單獨成立，而不會牽連到其他環節。任何過度的代價，本身又帶來另一層不均衡。最多只能短期使用，倒不能長期依賴。

或許，你讀到這裡，並不明白為什麼要深入這些細節。其實，不用擔心，我們不會考試，只是希望為你整理一個完整的呼吸生理機制。你最多只要記得，如果我們隨時張嘴講話和呼吸，身體細胞得不到足夠的氧氣，血液也會鹼化（呼吸性鹼化，respiratory alkalosis）。接下來，身體為了把血液鹼化的情況平衡回來，也就偏向不健康的代謝性酸化（metabolic acidosis）。不只如此，嘴巴呼吸還會影響睡眠。

前面談到的這些生理機制，其實是幾十年前就有的知識，倒不是布泰科個人的發現。我認為最不可思議的是，當時布泰科處在蘇聯封閉的政治環境下，和全世界都是隔離的。他竟然將這些基礎的生理學，落實成一個直接調整體質的工具。這一點，我認為是他個人為醫學帶來最大的貢獻。

我自己透過呼吸的練習，可以體會到的也只是如此。正

因為體認到呼吸對健康的重要性，才會特別在這方面推廣，強調嘴巴呼吸與鼻子呼吸的差異。這一點，和當時正統醫學的認知完全顛倒。布泰科的成果，讓我得到一個驗證，是過去從歐美主流的西醫所得不到的。

我個人透過成千上萬的實例，也只能肯定他的結論大致上都是正確的。當然，從現在科學的發展來談，鼻子呼吸還有許多其他的效應，是當時布泰科不可能知道的。比如一氧化氮的消毒和放鬆的作用，是透過鼻子呼吸會引起的。但是，這些後來的發現，倒不會影響到他老早得到的結論，反而是更進一步支持鼻子呼吸對我們體質和健康轉變的重要性。

讓我更覺得不可思議的是，古人也老早知道這些觀念，只是當時沒有用科學的語言來表達。

舉例來說，舌抵上顎，是一個人在靜坐很深的狀態下，自然產生的反應。古人早就發現，人在不同的意識狀態下，不光舌頭會自然往上捲起，口腔上方還會滴下甘露。這時候，就好像全身都是相通的，自然打通身體本來的氣脈循環。就連身體的呼吸，也是這個循環的一部份。道家講丹田小周天的呼吸，也只是在反映氣或生命能量的運轉。

　　再舉一個例子，就像我們的習氣是透過頭腦的運作，而不斷強化同一些神經迴路所產生的。身體的氣也是一樣，在一些主要的路徑上迴轉。但是，我們一般不斷地在想，幾乎所有的注意力都被念頭占領，而注意不到氣的運行。是透過練習和放鬆，小周天等等迴路，才突然浮了出來，而好像本身有一個獨立的生命。

　　其實這些「特殊」的現象，是我們本來就有的，只是過去不去注意。這些迴路或週轉會自然浮出來，也只是因為我們把念頭建立的小我挪開，也就好像我們已經打破主體和客體的區別，進入合一。只有這樣子，身體各式各樣最根本（ground-state）、最原始（primordial）的機制，包括這裡希望進入的呼吸和氣的機制，才會自然浮出來。

　　在這種狀態，我們自然進入臣服，把小我的觀念打破，「我」和樣樣都合一，我們才體會到「沒有人」在呼吸。就像呼吸在呼吸自己，而生出丹田呼吸的印象。在這些經過，倒沒有一個主體「我」在體會這些機制。古人過去才會用各種玄奧的語言來表達，而讓現代人認為不科學。

　　我為什麼教大家舌抵上顎，背後的原因可能和一般的理由又是顛倒。我的理由很簡單，光是舌抵上顎這個動作，就

已經切斷用嘴巴呼吸的可能。只要把舌頭頂在口腔上方，我們自然會改用鼻子呼吸。熟練了，呼吸會變得又穩重又慢，自然帶動我過去稱為「橫膈膜的呼吸」——用肚子來深深地吸氣，長長地吐氣。

過去，我也透過《重生》專輯帶出來許多呼吸的練習，尤其 kriya yoga 淨化呼吸法。這種呼吸法，不光是透過鼻子呼吸，而還是或短或長的呼吸。透過短長交錯的節奏，讓我們造出一個呼吸的循環。做起來，非常簡單，也自然讓我們可以體會到道家所講的小周天。

透過這種練習，我們會發現，只要把嘴巴閉起來，用不同的呼吸速度，自然會產生一個回壓。這個回壓是對著山根下方的鼻腔所產生的，會讓我們把注意力帶回到身體的內部。也就好像身體發動了一個馬達，而這個馬達會把氣帶到身體每一個角落。不只小周天，我們也能突然體會到大周天的循環。

我年輕時認為最不可思議的是，這些道理，古人老早都懂。不光懂，也早就歸納出身體氣流通的脈輪、氣脈和穴道。

　　舉例來說，這張圖的清晰程
度，更是讓人驚訝不已。鼻腔後
方是中脈、左脈、右脈和種種脈
輪交會的位置。是這樣，我們透
過這麼簡單的呼吸練習，才可能
打通身體每一個氣脈的結。

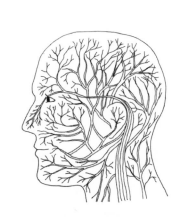

　　正因如此，瑜伽的系統會講
究各式各樣的練習，包括用水去沖洗鼻子，在沖洗的水裡加
鹽，來減輕鼻子發炎的情況，甚至用紗布去清潔鼻腔內
部⋯⋯這些輔助的方法，也就反映了鼻子呼吸在古人心目中
有多麼重要。

　　講到輔助的方法，我在《真原醫》也介紹過「內呼吸練
習器」，就是由布泰科的觀念衍生出來的一種設備。「內呼
吸練習器」操作很簡單，最多只是在容器裡加水，讓嘴巴吐
氣時透過一根管子推動容器裡的水，增加吐氣的阻力。吸氣
時，則是用鼻子來自然吸氣。

　　這個設備，不光是會達到鼻子吸氣的作用，而在嘴巴吐
氣時增加阻力，自然在練習中，讓呼吸道和肺部的二氧化碳
濃度不會下降太快，甚至還能提高。也就那麼簡單，運用

泰科所推廣的生理機制，很輕鬆地讓血色素在週邊放出更多氧，提高肺部交換氣體的效率。

我過去用這個設備以及各種練習，包括舌抵上顎和《重生》與《呼吸瑜伽》所提到的呼吸法，來幫助有氣喘、慢性堵塞型肺病、過敏和慢性氣管炎的朋友。他們失眠的問題也一併改善了。

透過鼻子呼吸，搭配各種呼吸的練習，一個人自然可以恢復正常的呼吸功能。我覺得最奇妙的是，年輕的孩子，尤其如果有氣喘或恐慌發作的問題，這些練習不光可以改善他們的症狀，甚至可以徹底改變個性——從沒有安全感，轉為快樂而有自信。不只如此，有些朋友還能體會到小周天和大周天的呼吸。這是很多人一生可能從來沒有經驗過的。

多年來，我也把呼吸當作一個意識轉變的工具。透過這些和呼吸相關的作品，不光帶出來古人的一些寶藏，並且藉由我個人的體驗做一個現代化的解釋。

在這裡，我想再分享一個小故事。你可能從我過去的作品，包括這本《好睡》可以體會到我對呼吸的重視。但是，你可能很難想像，就在我還很年輕的時候，已經本能地感受到呼吸的重要性。當時，在我看來，它就像內分泌或免疫一

樣重要。我心裡明白，呼吸甚至可能占有更主要的地位。

在三、四十年前，我們要讀生理學，只有兩大選擇，不是讀《甘龍醫學生理學》（*Ganong's Review of Medical Physiology*），就是蓋統的《醫用生理學》（*Textbook of Medical Physiology*）。蓋統的書比較完整，有上千頁厚。兩本書的不同風格，各自反映了作者個人的興趣所在。當然，學生都會想偷懶讀甘龍的教科書。但是，我反而特別重視蓋統的作品。我當時印象很深刻，透過生理學的原理，原來每一個身體的功能都可以延伸到身體其他的部位。讀到這兩本書，讓當時還很年輕的我相當興奮。

過去，還有一位加州大學舊金山分校的生理學家康羅（Julius Comroe）寫了一本《呼吸生理學》（*Physiology of Respiration*）。他所成立的「心血管研究中心」（Cardiovascular Research Institute），在我看來，是加州大學舊金山分校當時最出名的研究機構。我年輕時，讀到他的《呼吸生理學》也是如獲至寶。在八〇年代，還曾經考慮過加入這個研究中心。只是後來康羅過世了，我也就打消念頭。

這些生理學大師的著作，讓我多年來更有把握，知道從呼吸著手，確實可以調整我們的體質。包括睡眠的各種生理

狀況，也都可以徹底改變。呼吸本身，可說是影響身體最直接的切入點。後來我才發現，其實古人各式各樣修行的領域，尤其是佛教和瑜伽，一樣特別重視呼吸，把它當作靜坐、*sādhana* 練習的工具。

是這些現代科學的發現和古人留下來的紀錄，讓我有資料可以驗證自己的體驗。基於這樣的經過，我才會借用各式各樣的切入點，透過「全部生命系列」，將我個人的經驗和古人的智慧做個整合，而用現代語言做一個橋梁，將它表達出來。

有用的幾個重點：

✓ 呼吸，是調整體質最快的方法。

✓ 生理的運作，一個環節的失衡，會透過各種代償的機制擴大開來。習慣透過嘴巴呼吸，除了造成過度換氣，降低身體裡的氧氣，還會讓身體為了平衡血液鹼化的作用，而偏向代謝性酸化。

✓ 鼻子呼吸，對氣脈造出一個回壓，匯集在鼻腔後方氣脈交會的地方，更有效打通氣脈的結。

✓ 各式各樣的呼吸法，不只符合現代生理學的發現，更反映了古人的智慧。透過呼吸，我們從生活的每一個角落安定下來，將這種轉化落入睡眠。

【練習】
規律的呼吸

　　我過去觀察，有規律的呼吸，不光是養成鼻子呼吸習慣的一個最好的起步，也會帶來身心的安定，是扎實而又能很快生效的方法。

　　我在《重生》專輯也介紹過，身體有一個步調叫梅爾頻率。梅爾頻率的步調，其實就是一種共振。透過這個共振，我們的肌肉、血管、神經傳導……每個部位的作用都和它達到諧振。梅爾頻率，一般是一分鐘 6 次左右。然而，隨著每個人體質不同，這個數值也可能有些微的不同。

　　如果我們採用規律的呼吸，守住一分鐘 6 次、5 次甚至 4 次的頻率，花多少時間吸氣，也就讓吐氣的時間一樣久，熟練了，自然可以體會到身體最根本、最原始的波動。配合它，重疊到它，我們也就輕輕鬆鬆地活在諧振的狀態。

　　我在《重生》專輯用磬聲和鼓聲來引導，讓你我輕鬆守住這種根本的頻率。假如你接觸過這些練習，想要落實在生活中，我會建議一天用半個小時或一個小時來進行。

倘若你身邊沒有《重生》的專輯，也可以參考哈佛的布朗博士與葛巴博士兩位夫妻的作品《呼吸的自癒力》，這是我幾年前推薦給大家很實用的呼吸工具書。在裡頭，他們也介紹了各種呼吸法，尤其著重諧振式呼吸。諧振式呼吸計時的方法很簡單，守住 1 分鐘的時間，在 1 分鐘內數 6 次呼吸（一呼一吸共 10 秒）。習慣了，再降到 5 次（一呼一吸共 12 秒）。進一步有基礎了，可以再嘗試 4 次（一呼一吸共 15 秒）。

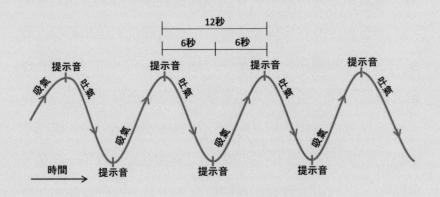

盯著鐘錶看，或許不容易把心靜下來。你也可以找一個重複的海浪聲或其他聲音，來輔助這裡講的練習。最重要的是，採用固定的頻率（無論 1 分鐘 6 次、5 次或 4 次都可

以），會讓我們比較容易進入同步或諧振。

要記得，呼吸時，閉起嘴巴。即使因為感冒或其他情況而鼻塞，也不要直接張開嘴吐氣，而是輕輕咬住上下牙齒，透過齒縫讓氣流出來。這樣吐氣會帶點阻力，才不會造成過度換氣。吸氣時，還是透過鼻子慢慢吸氣，不要急。只要多練習幾次，不知不覺，鼻子也就暢通了。

一早，就練習這種規律的呼吸，能安頓我們一整天的情緒和步調。晚上的練習，也就好像自然在安撫我們進入睡眠。無論早晚，只要有空檔，這都是值得去做的練習。

另外，值得注意的是，吸氣可以儘量拉長。即使一次到不了底，也就像爬坡一樣，一路慢慢往上爬，直到吐氣的提示音為止。吐氣，倒不需要刻意拉長，不需要等到下一個鈴聲才停止。畢竟，每個人吐氣的需要和習慣不同，可以配合自己的步調，吐完氣，可以安安靜靜停下來，等下一次吸氣的提示。

這樣子，我們都可以輕鬆地做，而不會有來不及的感覺。沒有壓力，也自然不會頭暈。

【練習】
四短一長・淨化呼吸法

接下來的練習，也是我曾經在《重生》專輯帶出來的淨化呼吸法，是長短交替的呼吸練習。這類呼吸練習，你可能也跟著我在活動中做過，例如「四短一長」的呼吸。

一樣地，閉起嘴巴，只用鼻子吸氣、吐氣。假如有鼻塞的問題，還是儘量試著閉起嘴巴，最多是透過齒縫來吐氣。

四短一長，指的也只是四組短的呼吸，再搭配一組長的呼吸。四組短呼吸，再一組長呼吸，就這麼循環下去。呼吸的長短，其實沒有固定的標準。你可以自己衡量什麼是短，什麼是長。值得注意的是，和前面一樣，吸氣可以緩一點，儘量拉長，但吐氣則是一次全部吐出來。

我常用這樣的比喻來形容四短一長的呼吸練習：吸氣，就像一個人慢慢爬山，最後爬到山頂。吐氣，卻像一個人突

然從山頂跳下來。

再提醒一次，無論吸氣和吐氣，都只用鼻子來進行。

記得，速度不要快到讓自己頭暈。別忘了，只要閉起嘴巴，就不會造成過度呼吸的情況。剛開始可以練習 15 到 30 分鐘，熟練了，練習時間可以延長到一小時，或一天裡多重複幾次。

四短一長的呼吸練習，會帶來一個很有意思的現象。首先，是淨化。不光是身體代謝的淨化，情緒上也跟著淨化。短期內，許多原本藏在心裡的失落、悲傷和創傷都會浮出來。我才說它是一個很重要的心理療癒方法。

有些人做著做著，不知不覺會突然大哭，或心裡很深的傷痛浮出來。這些現象，都不需要特別去分析。做習慣了，自然發現自己的精神會變好。一天多做幾次，對個人的效率和頭腦的清晰度，都有正向的影響。

我在這裡雖然用四短一長的呼吸來舉例，但其實並不一定非要四組短呼吸，配合一組長呼吸。我們可以多幾組短呼吸，再搭配一組長的呼吸。短呼吸的數目可以自己決定。最多，可以到九組短呼吸。隨著個人的體質，甚至心情和身心的狀態，我們都可以找到自己最適合的組合。

　　再繼續做下去，自然能體會到我以前提過的循環呼吸
（circular breathing）。這時候，我們不需要再去鎖定幾短或
幾長，身體自然會告訴我們該怎麼進行，也許是不同的短長
組合，甚至都是短的呼吸，或都是長的呼吸。無論長呼吸或
短呼吸，都好像被一個馬達帶動起來，而一個接著一個自動
運轉下去。好像倒不需要我們去干涉，也不允許我們去介
入。甚至，到後來，連「誰」在呼吸，也不知不覺不知道
了。最多是像以前所表達的，是呼吸來呼吸我們。我們同時
也就體會到，古人所提的大周天和小周天所帶來的喜悅和解
脫。

　　這種自由的喜悅，一個人只要進入過，就會一生難
忘，而自然對身心帶來一個大的整頓。

　　這麼簡單的作法，不光讓我們進入循環呼吸，我還想從
另外一個角度來切入。這種呼吸對鼻腔所造出的回壓，自然
讓氣回轉到鼻腔後方的氣脈，而讓氣分布到身體每一個角
落。我用右頁圖裡頭的光，來表達呼吸對氣脈的衝擊。也就
是這麼簡單，可以調整到最主要的中脈、左脈和右脈。

　　過去，我沒有看過道家和氣功用這種方法來談。但
是，我在這裡表達的，和道家經典看似玄之又玄的描述，在

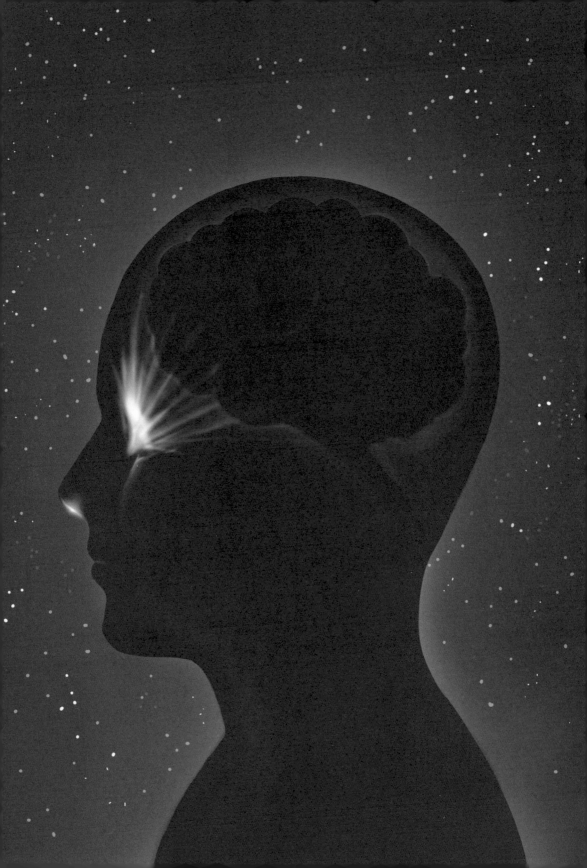

我個人來看其實是同一件事。只要我們親自體會過，也就自然會明白。

透過這種呼吸，我們自然會充滿生命的活力，充滿著氣，充滿喜悅。熟練之後，我們也可能體會到自己充滿著光（也就是傳統所說的「明點」）。這樣的明點本身既很具體，就像一個太陽在照亮我們，照明世界；但同時又好像是無形無相。這個印象，自然讓我們體會自己的身心本質就是光，是喜悅，又是愛，還是寧靜。

我會提醒一些朋友，如果有失眠的狀況，別忘了在醒來的空檔，回到這兩個呼吸的練習。甚至，一天下來，只要有空檔就做。這個呼吸產生的喜悅和光，是一天的忙碌生活中不可能有的。

試試看，用這種心態來面對失眠。透過這種規律的呼吸和四短一長的呼吸，許多朋友跟我表達過，他們不光是失眠的問題消失了，整個人也好像脫胎換骨，人生的價值觀全面翻新，就像得到了重生。

03
換個鼻孔來呼吸

　　前面談到鼻子呼吸和嘴巴呼吸，會改變體質，而接下來影響睡眠。我相信，這些資料，你過去可能很少接觸，連我之前也只聽過少數幾位專家提倡（例如布泰科）。

　　從我個人的角度，呼吸本身帶著通往睡眠的鑰匙。也因為如此，我認為還有必要再進一步著手，希望將呼吸帶來的變化徹底落實到生活。

　　鼻腔的口徑比較窄，使得鼻子呼吸本來就比嘴巴呼吸帶有更多的阻力。任何時候，只要透過嘴巴呼吸，一吸一呼的氣流量（醫學上稱為潮氣量 tidal volume）是遠超過鼻子呼吸的，而會導致前面提到的血液二氧化碳過低，使組織反而得不到氧氣。

　　其實，在自然的狀況下，小孩子本來是用鼻子呼吸。我們要留意的是，有哪些因素讓他們改用嘴巴呼吸。我們可以

想像，一個人假如有過敏、鼻中膈彎曲、鼻腔過窄、鼻塞，難免更依賴嘴巴呼吸，而使得前面提到的過度換氣問題惡化。此外，吃太多，身體要處理過多的食物，也可能增加對氧氣的需求，或前面提過的代謝性酸化，都會讓人改用嘴巴呼吸。

然而，更嚴重的是，我們講話時，就已經在用嘴巴呼吸，經由鼻子呼吸的比例也就跟著打折扣。一邊講話，我們根本沒有意識到，嘴巴已經取代鼻子呼吸的作用，也不知道自己原來是那麼常用嘴巴在呼吸。

我很少看到哪一個人完全沒有過敏。現代人都有過敏，也許是飲食、環境的原因，或心理的失衡，都可能引發過敏和自體免疫的錯亂。而且，很多人都有鼻竇炎。仔細觀察，假如是很小就開始有過敏或鼻竇炎，鼻子的下方會比較浮腫，而小孩的臉形自然會變得尖和細，前後變得比較長。

這個機制很有意思，用鼻子呼吸對鼻腔造出的回壓，可以幫助保持臉形。嘴巴呼吸，缺乏這個調整臉形的機制，鼻竇會顯得比較不發達，鼻腔和呼吸道的空間也就偏小。此外，顴骨也比較不明顯。舌頭在口腔裡的位置偏低，下巴也跟著往下縮。這些變化，都讓臉更顯得窄而偏長。就好像臉

部和口腔都跟著改變架構，來配合嘴巴呼吸的需要。甚至，因為口腔的空間不夠，牙齒也不整齊。

　　既然嘴巴呼吸的人，呼吸道比較小，也就習慣張開嘴巴讓下巴落下來，而讓頭略略往前移，好讓呼

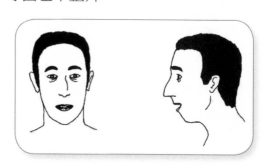

吸道再打開一點。在姿勢上，也造成了彎腰駝背和肩膀下垂的不良習慣。嘴巴呼吸的人也常有黑眼圈，這是壓力反應被活化、睡不好和慢性發炎的結果。

　　嘴巴呼吸的氣流量大，自然造出過度換氣的問題，而使身體缺氧。我前面也提過，過度換氣透過代償的作用，反而帶來代謝性酸化的問題。一個人代謝往酸性偏，又氧氣不足，血液循環也就不會好。仔細觀察，長期用嘴巴呼吸的朋友，往往都有手腳冰冷的問題。

　　我們都可以試試看，改用鼻子呼吸，只要5到10分鐘，手腳也就會自然變暖。透過鼻子呼吸，吐出和吸入的氣流量是有限的，自然可以避免過度換氣發生，讓更多氧氣可以進入身體組織。

　　鼻子呼吸，不只是避免前面提到的過度換氣，也和睡眠
有關。如果白天清醒的時候，我們呼吸的習慣轉不過來，晚
上睡眠不好也是難免。關於這一點，我在這裡要提醒你，再
重新深入《真原醫》、《靜坐》、《重生》相關的練習。這是
想改變睡眠，最踏實的方法。

　　古人也發現睡覺時左側或右側躺，能讓另一邊的鼻子暢
通。不光這樣子，我前面也提過還有各式各樣的練習和清潔
程序，不光為了讓鼻腔暢通，還要左右兩邊都打通。

　　這些練習各有各的角色，而有一套完整的科學，只是我
們現代人可能不相信。然而，這些現象也陸續可以用解剖學
和其他科學來驗證。

　　大多數人都不曾留意過，鼻子呼吸還有一個現象。然
而，這個現象卻是古人幾千年前就知道，甚至比現代人知道
的更詳細。例如古代的瑜伽已經知道鼻子的運作有一個週
期，這個週期直到 1895 年才被一位德國醫師凱澤（Richard
Kayser）用生理學的語言記錄下來。

　　我們仔細觀察，呼吸時，兩個鼻孔的氣流並不均勻，因
為鼻肉勃起組織會輪流膨大，總有一個鼻孔比較塞，輪替的
時間大約是兩小時左右。你大概沒想到，鼻子的這個勃起組

織，和性器官的勃起組織是類似的，才會定時膨大，也會縮小。

這個週期，其實和交感和副交感神經系統的作用有關[1]。右鼻孔呼吸是活化交感神經系統的緊繃，而左鼻孔呼吸是活化副交感神經的放鬆作用[2]。兩個鼻孔交替暢通，是身體本身有一個更細微的生理週期，讓交感和副交感神經的作用輪流多一點，而達到平衡。我們透過這一章接下來會練習的鼻孔交替呼吸法，一方面可以強化這個平衡，另一方面，單邊鼻子呼吸所造成的回壓，一樣可以帶動前面提到的打通氣脈的機制。

有些人也從生化的角度來解釋，認為鼻子的這種週期，是為了延長空氣裡的氣味分子待在鼻腔的時間。尤其在風大的地方，一側的鼻孔變得比較窄，也就讓這些分子來得及停留而與嗅覺的受體結合，提高嗅覺的靈敏度。此外，你也可能發現，如果側躺下來，很自然的，靠著枕頭的那一側

---

[1] Werntz, Bickford, and Shannahoff-Khalsa Bloom. "Alternating Cerebral Hemispheric Activity." *Human Neurobiology* 2 (1983): 39-43.

[2] Pal, Gopal Krushna, *et al.* "Slow yogic breathing through right and left nostril influences sympathovagal balance, heart rate variability, and cardiovascular risks in young adults." *North American Journal of Medical Sciences* 6.3 (2014): 145.

鼻孔就開始有點鼻塞了，這也是鼻肉勃起組織膨大的緣故。

講了這麼多，我相信你可能想問，既然呼吸對我們的體質和睡眠那麼重要，有沒有什麼方法可以直接影響睡眠時的呼吸？答案是——有的，而且對睡眠是關鍵。我會在下一章，將這個主題打開。

有用的幾個重點：

✓ 現代人太過依賴講話來交流，也就幾乎意識不到，嘴巴已經取代鼻子呼吸的作用，也不知道自己已經受到嘴巴呼吸的不良影響。

✓ 如果是從小就習慣了嘴巴呼吸，除了有代謝性酸化的問題，甚至連臉形都可能改變。

✓ 鼻子呼吸，除了避免代謝性酸化產生，也可以維持血液的含氧量，而改善一個人的血液循環。

✓ 左右鼻孔並不總是同時通的，仔細觀察，通常是單邊比較暢通。然而，大約 2 小時左右，就會換成另外一邊暢通。這也反映了一種人體的生理週期。

✓ 如果能在睡眠時也保持鼻子呼吸，可能為我們的體質和睡眠帶來很大的改善。

【練習】
清醒的呼吸

別忘了，這本書的呼吸練習，都是在強調鼻子的呼吸。

首先，嘴巴閉起來，輕鬆地用鼻子呼吸。什麼方法都不需要採用，最多只是閉起嘴巴，只用鼻子呼吸。呼吸的長短，不用去管它。唯一要提醒自己的，也只是繼續用鼻子呼吸，不斷輕鬆地用鼻子呼吸。

一開始，可以把眼睛閉起來，比較能夠專心。接下來，張開眼，也沒有關係。無論眼前看到什麼，或心裡想到什麼，就只知道繼續用鼻子呼吸。不需要把呼吸拉長或縮短，也不需要去影響它。最多，是輕輕鬆鬆知道自己還在用鼻子呼吸。假如有念頭把自己帶走，也沒有關係。隨時把注意力停在這個呼吸，也就夠了。

如果可以配合舌抵上顎，那是最好。但不用刻意，畢竟只要進入真正放鬆休息的狀態，舌頭自然會頂到口腔上面。你也可能會發現吸氣愈來愈長，吐氣也是。然而，這些都不是重點，都不用去管它。

　　隨時給自己時間，比如早上半小時，甚至還躺在床上就做。或晚上，飯後休息的半小時能這麼做，是最好的。

　　你自然會發現，只要下定決心，這麼用鼻子呼吸，不知不覺，你可能會上癮。你可能才會明白，就這麼簡單的鼻子呼吸，對我們集中注意力，提高精神有多麼大的作用。而且，只要做鼻子的呼吸，話也就自然減少。本來，可能還有很多話想跟別人分享。現在，也懶得講出來。一個人話少，念頭自然就少，也就不知不覺找回自己的中心。

　　一天下來，好像隨時都很扎實，就像兩腳穩穩地踩在大地，透過呼吸，時時和地球達到共振。用這種心情，把自己交給晚上的睡眠，我們對睡眠的壓力，也就全部消失。接下來，也不會刻意去分析昨晚睡得好或不好。這個問題，好像已經落在很遙遠的過去，現在跟我們沒有什麼關係。

【練習】
鼻孔交替呼吸法

不曉得你還記不記得，我在《靜坐》很早就帶出鼻孔交替呼吸法（*nādi shodhana prānāyāma*），順序就在舌抵上顎之後。這個呼吸法，對身體可以產生立即的效果——恢復交感和副交感神經系統的均衡，而讓體內充滿新鮮的氧氣。

我會再次介紹這個方法，不光是因為只要做就有效果，也是在提醒你我，在呼吸這個領域，已經有那麼多基本的練習，可以幫助我們調整身心。

此外，鼻孔交替呼吸法，對於許多有鼻竇炎而隨時鼻塞的朋友，是最好的練習。透過這種練習，我們會發現鼻子比較容易暢通。早上做，對我們集中注意力和提升精神有相當大的作用。鼻孔交替呼吸，對用腦過度而需要放鬆的現代人，是平復情緒、改善睡眠品質的好方法，還能活化左右兩邊大腦，淨化身體。

練習時，輕鬆坐著，將左手自然的放在左膝上，舉起右手，放在面前。

1. 用右手姆指，按住右鼻孔，由左鼻孔吸氣，默數至 4。

2. 吸滿氣後，以食指或無名指按住左鼻孔，憋氣，默數至 16。

3. 覺得憋不住氣了，放開姆指，由右鼻孔呼完氣，默數至 8。

4. 繼續捏住左鼻孔，由右鼻孔吸氣，默數至 4。

5. 憋氣，默數至 16。（一樣地，也可以捏住兩個鼻孔來幫助憋氣。）

6. 放開左鼻孔，呼氣，默數至 8。

這樣是一個完整的循環。

這個說明，如果你覺得太複雜，可以先熟練手指的動作。熟悉了，再加上數時間來進行。

熟練了這些步驟之後，大概一分鐘可以做一個循環，左右各一次。然而，每個人狀況不同，不見得每個人都能適應這麼慢的呼吸，也不見得能憋氣這麼久。這也沒有關係，只要掌握到憋氣的時間大概是吸氣的 4 倍，而吐氣的時間是吸氣的 2 倍，也就可以了。

到最後，甚至連吸氣、憋氣、吐氣的時間比例都可以放

過。只要記得幾個原則就好：吸氣時，吸飽就可以。中間憋氣的時間會隨著熟練度提高，而自然愈來愈長。吐氣，則是比吸氣的時間更長一點。接下來，身體自然會幫你決定該吸多久，該吐氣多久。

一樣地，為了更清楚的示範，我再請吳長泰老師把這個方法錄下來。這個視頻會分成兩部分，前半，我會用我的聲音帶「清醒的呼吸」，同時請吳老師示範。接下來，我會請吳老師來示範鼻孔交替呼吸法的手勢，讓你可以跟著做。透過視頻的輔助，相信會比較容易理解。

04
睡覺，也好好呼吸

　　你讀到這裡，可能對呼吸還想多知道一點。尤其想知道，不正確的呼吸可不可能影響到睡眠。

　　我們只要看看自己或身邊的人，很多人雖然睡得也算安穩，時間也夠，但早上醒來時總覺得沒有休息到。這很可能是我們夜裡睡著時，不自覺地用嘴巴呼吸，但自己不知道。

　　我在前面提過，用嘴巴呼吸會引發壓力反應，讓人容易疲憊。可惜的是，我們睡著時，很難控制自己的呼吸。大多數人自然而然用嘴呼吸，減少氣流進出的阻礙。

　　不曉得你還記不記得我前面提過的打呼，也就是睡覺時，口腔後方的小舌放鬆堵住呼吸道，提高氣流通過時的阻力，引起呼吸道的共振，而造出打呼的聲音。睡眠呼吸中止症（sleep apnea）這種疾病，可以說是打呼的嚴重版。一個人本來好端端在睡覺，竟然可能停止呼吸。

　　睡眠呼吸中止症發作時，呼吸道可能在睡眠中堵住 10 秒到 60 秒，使血液裡的二氧化碳升高，血氧量降低，讓大腦發出一個強烈的訊號，要這個人醒過來繼續呼吸。然而，呼吸一恢復正常，這個人可能馬上又睡著了。一個晚上的睡眠中，每小時可能要這麼折騰 5 次甚至 30 次。

　　一個人在睡眠呼吸中止症發作時，其實等於是暫時窒息了。睡眠呼吸中止症，主要發生在肌肉力量最弱的快速動眼睡眠階段。很多人可能有多年的睡眠呼吸中止症，卻因為在睡夢中，根本意識不到。打呼，也是睡眠呼吸中止症的症狀之一。有些人是在恢復呼吸時，造出很大的打呼聲，或呼吸很重，才被身邊的人發現。

　　夜裡，只要打呼，我們睡眠的品質不可能好。即使沒有失眠，起床後也不會覺得有休息過來。也許就是因為如此，現在才有這麼多人有慢性疲勞的問題，好像怎樣都睡不飽。

　　一般人會認為是頸部肥胖或睡覺時肌肉太放鬆，堵住呼吸道，才有睡眠呼吸中止症。但是，在我看來，它和打呼一樣，和嘴巴呼吸的習慣是有關的。當然，最初引起打呼和睡眠呼吸中止症可能有各種因素。但是，我們不知不覺長期依賴嘴巴呼吸，也就可能讓嘴巴呼吸成為最主要的原因之一。

打呼，不光是最後可能變成睡眠呼吸中止症，而影響睡眠品質。長期下來，對親密關係也會有很負面的影響。如果沒有分房睡，沒有打呼的另一方（通常是女性）長期下來睡眠自然受到干擾，甚至會失眠。接下來，也就自然活出各種失眠的問題，包括心情和情緒不穩定以及其他生理的障礙。

這一點，是不分國內外的，而只要有婚姻生活的人都知道。當然，有時候是女性的打呼聲比較大。但無論如何，還不用到睡眠呼吸中止症的地步，光是打呼，就讓生活品質帶來相當大的損失。

打呼和睡眠呼吸中止症，從我個人的看法，都和我們依賴嘴巴呼吸有很密切的關聯。只要從嘴巴呼吸改回鼻子呼吸，我們自然有機會從根源去解決問題。

假如我們白天和晚上都能只用鼻子呼吸，不只是能降低身體的壓力反應，我們也可能會很高興地發現，隔天精神更好也更能夠專注。可以想像，長期保持鼻子呼吸的習慣，可以帶來多少健康的好處。

　　我在這裡所講的一切，其實也有很多健康的專家一一發現，而也自然會試著去執行。執行什麼？也就是讓晚上可以進行鼻子呼吸的方法。

　　例子之一就像這裡畫的，試著用帶子固定下巴和頭頂，好讓我們在睡覺時，嘴巴不會打開呼吸。然而，我總是認為這種方法既不舒服，又不方便，身體還會抗拒。甚至皮膚比較敏感的人，還會磨破皮。我個人嘗試過後，這麼多年來，從來沒有推薦。

　　然而，有一個方法比任何人所想的都更簡單，也就是在嘴巴上貼膠帶。就像這張圖所示範的，這麼做，自然讓我們回到鼻子的呼吸。

　　當然，不要使用一般的文具或工業用膠帶，一是強度或許不夠，另一是所用的膠，也可能不適合直接接觸皮膚。每個人的皮膚敏感度和嘴巴大小不同，重點在於找對材質，試出合適的寬度和長度，能夠舒適地將嘴巴封住。

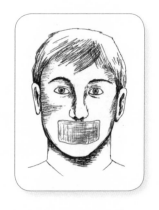

　　我也要提醒，膠帶的黏性很重要。不夠黏，可能睡到一半就脫落了。太黏，也許隔天撕下來會覺得疼痛，甚至傷到皮膚。我相信，只要你自己有實驗精神，自然會找出最好貼的膠帶，也會發現這是最簡單的方法，讓我們晚上睡覺不會張開嘴巴呼吸。

　　當然，和過去推廣各種呼吸練習和靜坐方法一樣，我也在身心靈轉化中心和各種場合示範過這種膠帶的使用。提醒你，要貼這些膠帶睡覺，最好在睡覺前幾分鐘就先貼上去。給自己一點時間習慣，也把它當作睡前的一個儀式。雖然一開始可能感覺不自然，但只要做，我們很快也就會適應。

　　在嘴巴上貼膠帶，對有些人，可能一開始會引發恐懼。有些朋友會擔心晚上不能呼吸。有鼻竇炎的朋友，也可能覺得不適應。對這些朋友，我建議還是要給自己一個機會去嘗試，或許先選擇材質比較薄的來試用。如果到了夜裡覺得不舒服，不用擔心，我們自然會把它撕掉。最重要的是，無論能不能貼一整晚，還是要堅持下去。幾次之後，習慣了，也可以改用比較厚的材質。

　　我通常也會提醒朋友，既然嘴巴呼吸可能已經是多年的習慣，再加上有些人從小就因為過敏等等原因而習慣了嘴巴

呼吸，如果突然之間要改成用鼻子呼吸，不光可能覺得不安，會想抵抗，還可能浮出許多好轉反應。比如說，原本有鼻竇炎的人，也許鼻竇炎會發作，甚至發作得更嚴重。也有些人可能是夜裡有惡夢，或其他情緒上的阻礙浮出來。

我們可以觀察看看，這些反應浮出來的先後次序，是不是符合我以前透過賀林定律（Hering's law）所講的好轉反應的順序——從內往外，從上到下，從現在到過去。你可以親自去嘗試，驗證古人對好轉反應的描述。不用擔心，這些現象早晚會消失，而健康會有徹底的轉變。

要採用這個睡覺時貼膠帶的練習，只要度過初期的心理障礙，以及接下來的好轉反應，長期使用下來，幾乎每個人都有一個共通的回饋——睡眠變深，時間變長。甚至，身體種種的慢性發炎，包括鼻竇炎也就消失了。

用這個方法，很多人才突然體會到，從小到大從來沒有這麼好睡過。有些人雖然年紀大了，突然可以睡 8 小時以上。也有些朋友，睡眠雖然沒有拉長，但好像終於睡飽了。

難免也有朋友質疑——只是拿一個好貼的膠帶把嘴巴貼起來，竟然可以好呼吸，更可以好睡？但是，他們從自己的狀況，也不得不證明這一點。

　　對這些朋友，我還是會勸他們，真正重要的，不光是透過運動和練習，在白天回復身心的均衡，更是要隨時進入「全部生命系列」的重點——把自己真正的身分找回來。在這一生，將這個追尋告一個段落。不要讓這寶貴的生命成了小我在奮鬥、流浪和生命抵抗的過程，還把這一生拿來擔心睡眠。

　　我們其實可以拿失眠的問題當作一個最寶貴的門戶，一起進行人生最大的這堂功課。我才不斷提醒，睡眠的問題確實很容易改，但這並不是我們這一生真正的功課。真正的功課，是在生命全部的範圍。睡眠的問題，最多是一個機會，讓我們可以切入。

　　儘管如此，我還是要提醒，就是這麼簡單的貼膠帶睡覺，已經足以讓我們親自驗證這裡談的各種睡眠和呼吸的科學——包括古人的理論和練習，以及布泰科所倡導的生理機制。不用擔心，這裡講的點點滴滴，以後科學會完全驗證出來。就連「閉起嘴巴，用鼻子呼吸」的作法，都可以有一個完全科學的解釋。

　　當然，希望在科學證明出來之前，你的睡眠問題已經老早獲得解答。同時，你也已經能夠體會我在這本書不斷重複

的觀點——睡眠不是一個問題，最多只是反映身心不均衡的
狀況。

> **有用的幾個重點：**
>
> ✓ 很多朋友總是覺得睡不夠，卻不知道自己睡覺時，一直是
> 用嘴巴呼吸。
>
> ✓ 打呼和睡眠中止症，也只是反映了我們過度依賴嘴巴呼吸
> 的習慣。只要改成鼻子呼吸，這些狀況對睡眠的影響，也
> 自然會修正回來。
>
> ✓ 無論白天或晚上，如果能養成都只用鼻子呼吸的習慣，不
> 光是壓力減少，而且精神更好，注意力更能集中。
>
> ✓ 有各式各樣確保我們睡覺時只用鼻子呼吸的方法，其中，
> 貼膠帶是一個簡單到不可思議卻又有效的作法。
>
> ✓ 任何生活習慣的調整，習氣的變化，包括睡眠的改善，難
> 免都會引起身體和情緒的好轉反應。不用擔心，好轉反
> 應，早晚也會消失。

【練習】
Shut up, again. 再一次不講話

這個練習，最多也只是在晚上躺平睡覺前，將嘴巴用膠帶貼起來。

要選用什麼膠帶材質，包括厚薄寬窄的尺寸，和個人皮膚的敏感度和嘴巴大小有關。有些人可能覺得太厚的材質會有壓迫感。有些人，尤其男生，要採用比較寬的膠帶，才足以把上下唇完全蓋住，而不會在睡眠中撐開。也有人需要比較長的膠帶來固定。

我通常建議，從薄的材質、短的膠帶開始嘗試，自己實驗出適合的材料和大小。假如用了膠帶，還是會打呼或還有睡眠呼吸中止的情況，可能是膠帶的寬度或長度不夠，讓人還是會透過嘴巴呼吸，或許要試著改用更寬或更長的膠帶。

其實，你今天晚上就可以試試看。最重要的是，在貼上膠帶前，先把要講的話講完。不要貼上之後，才又想起還有話沒講，不光得費事撕下來，還降低了膠帶的粘性。

如果有伴侶，我通常會建議兩個人一起做。很多朋友反

映，這個簡單的作法非但沒有副作用，兩個人一起使用，睡眠品質好了，關係也會變好，比較少吵架。最不可思議的是，它對打呼和睡眠中止症有很明顯的改善效果。

總之，只要長期使用，一定會有效果。使用過的朋友，都體會到對體質轉變的作用很大，相當值得一試。

有些朋友鼻竇炎或鼻塞很嚴重，不只是一開始不習慣，甚至連續好多個夜裡，都會不知不覺把膠帶撕開。我要提醒這些朋友，不要氣餒，再多試試。就算醒來時，發現膠帶又被自己撕開了，還是繼續下去。只要做，一定會改善。最重要的，還是自己決心堅持下去，不要輕易放棄。

另一個提醒是，在使用膠帶時，一樣做《好睡》的各種練習。無論是呼吸，還是觀想，都能讓我們不斷地把心收回來。

最後要記得，睡眠的問題還算小事。更大的課題是，找回我們這一生真正的身分，也就是我們究竟是誰？透過這些練習，我們一方面不斷往這方向前進，同時也體會到，一個人心安，身體的平衡，包括睡眠的均衡，也就自然找回來了。

一切，跟我們原本以為的都是顛倒的。體質和睡眠其實

是果，而我們的心是因。是心帶動這個身體，包括睡眠，倒
不是相反。如果我們還把全部的注意力放在睡得好或不好，
也只是不斷地把事實顛倒。

五、好好活，好好睡

面對睡眠，我們要建立好的生活習慣。其實，一天下來，隨時都是改變習慣的機會。從飲食、運動、姿勢到心態，生活的各個角落，都可以讓我們把心收回來，幫助睡眠。

甚至，假如我們從早到晚，都是「清醒地活」（conscious living），也就自然從人間走出自己的一條路，倒不會隨環境波動而搖擺。

面對睡眠，也就是面對生命。我們最多是透過睡眠，把全部的生命找回來。我在這裡會簡單切入各個層面的生活習慣，作為一個提醒。但願，你我能一起進入生命更深層面的旅程，把全面的健康找回來。

最後，我們也只能承認，好睡最多是反映了清醒的生活。反過來，一個人如果隨時是清醒，隨時住在心，睡眠根本不會成為一個問題。我們也就這樣子，透過生命的點點滴滴、每一個瞬間，都可以放過一切。甚至，放過睡眠。

01
均衡的飲食

　　我前面強調過，呼吸對體質和睡眠有多重要。其實，飲食也是一樣的。

　　我們活在一個快步調的社會，只要觀察自己一天的飲食，我們不需要成為營養專家，都可以體會到飲食嚴重的不均衡。不只是為了改善睡眠，包括體質的轉變，更需要懂得什麼是好的飲食，好的水，而從飲食的內容和習慣來著手。如果你接觸過《真原醫》，相信也老早就明白了這個道理。

　　生活的快步調，再加上經濟的考量，我們的三餐自然會大量採用現成的速食，也就是過度加工、偏向單一營養成分的飲食。這樣的飲食，可能偏重油炸或碳水化合物，而且是經過人為改造或過度精製的碳水化合物。我們一般也早就習慣了過度精製的糖、鹽、醬油和其他佐料。說真的，許多人大多數時候連自己吃的是什麼都不曉得，更別說顧到營養

了。

這本書前面提過咖啡因、尼古丁、酒精，還檢討了這些物質對睡眠的影響。然而，從我的角度來看，更根本的問題其實在於我們一天的三餐。日常飲食造成的不均衡，影響絕對不小於這些興奮劑，甚至作用更大。我才會在第三篇先帶出〈建立新的生活習慣〉練習，這裡再用獨立的一章深入飲食均衡的觀念。

我們通常很少有機會去探討自己一天下來，究竟採用了哪些飲食。即使我過去只要有機會就不斷地提醒，然而，相信你讀完之後，一轉頭也許就忘記了。可能要直到發生了重大的疾病，才會想要轉變飲食，從營養著手。

這是多麼可惜。

假如我們真正愛護這個身心，也知道這一生來是多麼寶貴，自然會想要珍惜這個生命，也就會對這個題目感興趣。這麼做，不光是為了找回健康，還是為了身心均衡，讓我們的身體很輕快，而自然能把注意力擺到生命更深的層面。

可以說，好的飲食，最多也只是來配合我們內心更深層面的轉變和領悟。對這個更深層面的領悟，我們重視到一個地步，也自然會讓其他的生活習慣全面配合這方面的追求。

　　無論如何，飲食的轉變是隨時都可以做的。我們只要下一個決心，不需要等到有嚴重的疾病，也就跟著調整過來了。由於這個題目太廣泛，而我已經透過《真原醫》和多年來各式各樣的活動與演講推廣好飲食的觀念。我在這裡，最多只能在有限的篇幅裡強調幾個重點，希望能引發你自己做一個更深入的研究。

微量元素的重要

　　首先，均衡的飲食，指的是依照我們身體所需要的營養比例，來攝取飲食。過去，專家用金字塔的比喻來說明攝取的比例。現在的比喻，已經從金字塔，轉成了餐盤，方便一般人尤其小孩子判斷自己一天所吃的食物，是不是符合營養的需要。

　　當然，從不同的角度來看，我們可以去強調不同的飲食。舉例來說，從熱量的角度，我們一般關心的主要是蛋白質、脂

肪和碳水化合物的比例。然而，從生理的運作來看，就像我
在《真原醫》用這張圖來表達的，關鍵其實是這個金字塔最
上方的維生素、礦物質和微量元素。

所有的礦物質對身體都重要。就像人體無法自己製造必
需胺基酸和必需脂肪酸，一樣地，我們的身體也無法自行產
生礦物質。礦物質中，最重要而與睡眠相關的，也就是微量
元素。

額外添加
天然維生素、
礦物質與微量元素

高鈣高蛋白質食物
新鮮牛奶、羊奶或豆漿一杯

蛋白質
豆類3份或魚、家禽0～2份

脂肪
植物油2～3茶匙(每餐必備)
堅果1～3份

高纖碳水化合物
水果2～3份，大量葉類蔬菜，全穀類食物6～11份(每餐必備)
(高纖維食物佔每餐食物50％以上，達80％以上更佳)
(生食需佔每餐食物50％以上)

每 日 攝 取 食 物 類 別

　　多年來，我特別重視微量元素的補充。不光如此，還不斷研究微量元素的來源、萃取的方法、以及在身體代謝的路徑，包括怎麼被吸收，怎麼被使用，而身體有哪些生化反應會需要。三十多年，才建立起這方面的許多知識，標定出元素在自然界的分布、化學的形態、需不需要與有機物做反應、在體內的分布、生理上的各種作用。並且，用食品或有利於皮膚吸收的方式來補充微量元素，這種作法也幫助了不少人。

　　幾十年前，我就發現，無論什麼元素，要能夠被人體吸收，一定要透過有機的成分來螯合。螯合，也就是做一個化學的結合，將一個分子或原子保護在有機物裡頭。沒有這種有機螯合，要讓元素被腸道吸收是不可能的。更不用講，還要進一步轉變睡眠的品質。

　　早期，幾乎沒有人知道這一套科學。經過幾十年，才有愈來愈多專家強調我在這裡所談的觀念。雖然這方面的研究已經告一個段落，但我相信這些原理的應用，是未來的科學會再進一步證明的。

　　我們對微量元素的需求雖然很小，但是，也就是這麼小的量，可以帶來那麼大的效果。這就是觸媒（catalyst）的作

用，是體內每個生理的反應都需要的。這些元素，通常屬於過渡元素和稀土元素。

　　站在化學的角度，當初會稱為過渡元素，最多是表達它落在週期表左邊和右邊之間的中間地帶（下圖中央膚紅色的區塊）。用這種名稱，從化學家的角度，也就是認為它的地位比較次要。

　　但是，我要坦白說，過渡元素其實一點都不是過渡。不光在各種應用領域有它的重要性，當時的人也沒想到，這些元素對身體的健康是關鍵。種種的生理反應，都需要一個觸媒來加快速度，不然我們不可能有生命。微量的過渡元素，

族→ ↓週期	1	2	3	4	5	6	7	8	9	10	11	12	13	14	15	16	17	18
1	1 H 氫																	2 He 氦
2	3 Li 鋰	4 Be 鈹											5 B 硼	6 C 碳	7 N 氮	8 O 氧	9 F 氟	10 Ne 氖
3	11 Na 鈉	12 Mg 鎂											13 Al 鋁	14 Si 矽	15 P 磷	16 S 硫	17 Cl 氯	18 Ar 氬
4	19 K 鉀	20 Ca 鈣	21 Sc 鈧	22 Ti 鈦	23 V 釩	24 Cr 鉻	25 Mn 錳	26 Fe 鐵	27 Co 鈷	28 Ni 鎳	29 Cu 銅	30 Zn 鋅	31 Ga 鎵	32 Ge 鍺	33 As 砷	34 Se 硒	35 Br 溴	36 Kr 氪
5	37 Rb 銣	38 Sr 鍶	39 Y 釔	40 Zr 鋯	41 Nb 鈮	42 Mo 鉬	43 Tc 鎝	44 Ru 釕	45 Rh 銠	46 Pd 鈀	47 Ag 銀	48 Cd 鎘	49 In 銦	50 Sn 錫	51 Sb 銻	52 Te 碲	53 I 碘	54 Xe 氙
6	55 Cs 銫	56 Ba 鋇	鑭系	72 Hf 鉿	73 Ta 鉭	74 W 鎢	75 Re 錸	76 Os 鋨	77 Ir 銥	78 Pt 鉑	79 Au 金	80 Hg 汞	81 Tl 鉈	82 Pb 鉛	83 Bi 鉍	84 Po 釙	85 At 砈	86 Rn 氡
7	87 Fr 鍅	88 Ra 鐳	錒系	104 Rf 鑪	105 Db 𨧀	106 Sg 𨭎	107 Bh 𨨏	108 Hs 𨭆	109 Mt 䥑	110 Ds 鐽	111 Rg 錀	112 Cn 鎶	113 Nh 鉨	114 Fl 鈇	115 Mc 鏌	116 Lv 鉝	117 Ts 鿬	118 Og 鿫

鑭系元素	57 La 鑭	58 Ce 鈰	59 Pr 鐠	60 Nd 釹	61 Pm 鉕	62 Sm 釤	63 Eu 銪	64 Gd 釓	65 Tb 鋱	66 Dy 鏑	67 Ho 鈥	68 Er 鉺	69 Tm 銩	70 Yb 鐿	71 Lu 鎦
錒系元素	89 Ac 錒	90 Th 釷	91 Pa 鏷	92 U 鈾	93 Np 錼	94 Pu 鈽	95 Am 鋂	96 Cm 鋦	97 Bk 鉳	98 Cf 鉲	99 Es 鑀	100 Fm 鐨	101 Md 鍆	102 No 鍩	103 Lr 鐒

經過徹底的有機螯合，其實扮演相當重要的觸媒作用。

至於稀土元素（週期表裡的鈧、釔和鑭系元素），後來也發現一點都不稀有。我們的身體自然也懂得使用。但是一樣地，只需要微小的量。我要再次強調，是要透過天然的螯合，才能夠被我們的身體吸收。

我當時為了示範微量元素的用途，才設立身心靈轉化中心和其他相關的設施。在這過程中，也發現古人早就知道這一套科學。甚至，連道家所談的煉丹或西方化學前身的煉金術（其實，每一個文化都有類似的領域）都在強調螯合的作用，只是過去沒有一套完整的現代科學來說明和解釋。我希望有一天，和呼吸的科學一樣，能再進一步在這個主題上探討。

這一套完整的科學，我在很年輕的時候就將整理的工作告了一個段落，後來用種種方法把它的應用帶出來，也自然發現它的作用，確實和當初所預期的一樣，是相當大的。多年來，透過各種補充的方式，也協助了各種狀況的朋友，幫他們克服失眠和憂鬱的難關。

蛋白質與必需胺基酸

　　很多跟我接觸的朋友有失眠的困擾，他們都知道我強調微量元素的重要性，以及好的蛋白質對睡眠和體質的角色。好的蛋白質，無論植物和動物來源都有，包括豆類和白肉（例如魚和雞）。我們的人體也可以自己製造蛋白質的成份——胺基酸。在 23 種胺基酸中，只有 8 種是沒辦法自己合成的。其實，提醒大家攝取蛋白質，可以說主要也是為了這 8 種胺基酸。對於蛋白質和胺基酸的攝取，我們可能知道的不多。我在這裡簡單做一點提醒。

　　首先，蛋白質和其他飲食一樣，往往被過度處理和加工。豆類，就是一種很好的植物性必需胺基酸來源。我過去也不斷強調，儘量採用植物性的飲食，而且最好採用一定比

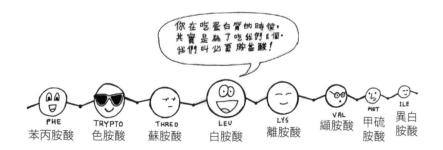

例的生食，做為生機飲食的基礎。

另一個重點是，即使為了補充這 8 個必需胺基酸，一星期補充一次或兩次，也就差不多了。畢竟，我們的身體本來就有這 8 個胺基酸的存量。此外，隨著我們年紀愈大，除了從飲食去彌補，最主要還是要懂得採用適當的運動，將代謝從分解性的異化作用轉成成長性的同化作用。這樣子，蛋白質和胺基酸才能留在身體裡。不是這樣子的話，就是吃再多蛋白質，還是會流失出去。

通常，面對失眠，身心只是需要做一個徹底的調整。在身體層面最快的調整，也就是從消耗轉到生長。達到這一點，是需要配合運動，再加上好的胺基酸和蛋白質的補充。

我相當有把握，假如你採用《好睡》這本書第四篇提到的練習，尤其是醒來和睡前都用鼻子呼吸，睡眠自然會長，會深。再配合飲食和運動，可以說，已經進入一個最完整的抗氧化和健康長壽的自我療程。不光是能讓睡眠的品質變好，白天的生活品質也會有一個大的改善。然而，除了改善生活品質，我們當然還要記得，在心理層面做一個徹底的轉變。

這一點，我會不斷地重複再重複，畢竟這才是我寫

《好睡》和《清醒地睡》這兩本書的動機。相信你跟著「全部生命系列」走到現在，已經老早體會到這一層用意。

好的脂肪，幫助身體運作

談到脂肪，我過去也有機會分享自己的經驗，表達我個人的看法。

二、三十年前，我在推廣這方面的觀念時，無論是營養或醫療的專家都強調要少攝取油脂。美國政府很早就強制規定任何食品都要列出成分表，其中必須特別標出油脂的含量。無形當中，當然是在強調油脂類愈少愈好。

當時，針對這個觀念，我也早就提出我個人的看法——油，其實是我們身體所需要的。

提到這句話，大多數人想到的可能是不飽和油。沒錯，不飽和脂肪酸當然重要，大家現在也很熟悉它背後的科學了。然而，很少人會注意到，飽和油其實也是健康的關鍵。我們倒不需要為了擔心膽固醇上升，而刻意降低各種飽和油的攝取。我常跟醫療領域的朋友開玩笑，問他們「你知道一個小小的動物細胞，在它的膜上就需要有 10 億個脂肪分子嗎？」假如身體沒有攝取適量的油脂，我們連細胞最基

本的運作都沒辦法進行，可以說連命都保不住。

我認為，面對樣樣的建議和選擇，還是要保持中立的心態。沒有任何一樣東西，需要大量攝取。不光微量元素只需要一點點，而且是任何營養成分都不需要過度偏用。刻意去補充某一項，我們又造出身體的不均衡，而又回到本來的問題所在。

當然，和蛋白質一樣，油的來源也是關鍵。多年來，我也試著在這方面做各式各樣的調查和研究。舉例來說，像椰子油含月桂酸（lauric acid），剛好是母乳裡很重要的成分。我觀察到，只要用最天然的方法處理（甚至不要處理），攝取椰子油對我們的健康有相當多的作用，包括可能影響腦部的健康。

當然，不飽和的油也很重要。各地的營養學家老早發現，我們的身體要攝取一些必需的不飽和脂肪酸，例如許多人都知道，也可能都吃過的 omega-3。針對不飽和的油，我過去比較推薦由植物取得的種類。在我看來，這樣的不飽和油（例如亞麻油）比較純淨，受污染的疑慮也比較低。

其實，只要懂得這方面的重要性，每個人自然會找出適合個人攝取的來源，倒不見得非採用哪一種不可。如果還需

要建議，也只是儘量採用愈原始、愈沒有加工的。同時，也將食品衛生考慮進去，確保沒有污染。這樣也就夠了。

會在這裡特別提到油脂的重要性，是因為我多年來觀察到，長年失眠的朋友，通常在飲食上是失衡的。吃太少，再加上睡不好，長期下來體重往往偏低，心情容易緊張，而造成惡性循環。尤其女性，在這方面更是明顯。這時，我不能不提醒，其實油脂，尤其飽和油，都可以在這方面為體質做一點調整。特別在情緒方面，油脂也可以帶來一種緩衝和保護的作用。

攝取比較原始的碳水化合物

講到碳水化合物，在好多年前，我的觀點，就已經和一般的看法是顛倒的。

假如你注意到食品成分表，也就自然會發現台灣也是仿照美國的制度，認為油脂吃得愈少愈好，最好從碳水化合物來取得卡路里。但是一般人不知道，碳水化合物在身體裡「繞」了一圈之後，變成小分子的糖類，累積在肝臟，也就自然轉成脂肪。這一來，反而引起過重，甚至肥胖。

只要到西方國家，尤其北美南部的一些大都市，我們立

即會注意到，北美的肥胖問題，相較於華人圈子，是不可思議的嚴重。對這樣的族群，碳水化合物大概扮演了一個很重要的角色。然而，我發現這種飲食趨勢也逐漸流傳到東方。尤其是年輕的一代，飲食習慣已經西化。我會開始寫一些相關的文章，而後來整理成《真原醫》。這個現象，是原因之一。

回到睡眠的品質，對我來說，失眠或睡不好，只是小問題。甚至，不成問題。精製碳水化合物對身心的影響，從我的角度，反而不見得低於失眠的作用。這一點，相當值得我們大家一同研究，甚至將這方面的攝取試著降下來。

一直以來，我不斷強調，雖然同樣是碳水化合物，但是複雜和單一組成的，還是有差別。我們的飲食應該儘量採用含有天然纖維的碳水化合物，而少用精製過的食品。

精製過的糖類，最多只是由 6 個碳組合的小分子。我們吃進這種小分子的糖，會快速消化，而且很快地就轉成卡路里。用不到的卡路里，也就在體內轉成脂肪。反過來，假如採用原始、或只有些微加工的糖，或是採用分子比較複雜甚至包括天然纖維的醣類，我們自然會發現，碳水化合物其實能輔助我們的健康，而不會帶來傷害。

　　要吃碳水化合物，最好是攝取加工程度比較少的食品，像米，就用糙米；要吃糖，就用紅糖或甚至黑糖，裡面還含著各式各樣的礦物質和其他營養。喜歡甜味，可以採用蜂蜜。一樣地，尚未加工的原始蜂蜜，也含著各種礦物質。

　　我過去提過生機飲食或沙拉的重要性，其實我們可以採用生機飲食，來提供一部分的碳水化合物，尤其天然纖維。雖然華人不會吃那麼多肉食，也懂得素食的重要。然而，或許考慮到食材衛生，基本上還是以熟食為主，而且往往過度加工。其實，如果能在清潔和來源做好把關，我們還是有必要透過生機飲食，來補充身體所需要的碳水化合物和纖維素。

天然調理素和機能性食品，都要均衡

　　此外，當然還有一些飲食，我稱為調理素。我指的調理素，是一些攝取量相當少，卻有類似天然內分泌作用的食品。這類調理素，不光不會上癮，還有相當大的體質轉變效果。微量元素、菇蕈類和某些藥草都可以歸類為調理素，舉例來說，菇蕈類就是神農氏所稱的「上藥」。然而，就我的經驗來看，調理身體最快的方法，還是微量元素。

　　此外，也有人提出「機能性食品」，也就是透過飲食來彌補或調整身體某一些需要。你大概也聽過一些被認為可以助眠的食物。現在，這方面的資訊是愈來愈多。你只要自己做一些研究，都會發現這個表單愈來愈長。

　　例如，有些專家會強調攝取含有色胺酸（tryptophan）的食物可以幫助睡眠，像是香蕉、棗子、鮪魚、牛奶、蜂蜜、蛋、起司、鷹嘴豆和火雞肉。他們認為色胺酸是血清素和褪黑激素的前驅物，兩者都有促進睡眠的效果。蘆筍、櫻桃、薑和胡桃等食物含有褪黑激素，杏仁含鎂，牛奶、羽衣甘藍含鈣，也有促進放鬆和睡眠的效果。還有專家建議晚餐最好避開含有酪胺（tyramine）的食物，包括火腿、茄子、酪梨、醬油和紅酒。酪胺會增加正腎上腺素的分泌，讓人保持清醒，而不容易入睡。

　　你當然可以參考這些資訊，親自實驗這些飲食的效果。然而，從我的角度來看，去嘗試或避免這些食物，對睡眠確實可能有好處，而且也增加我們的飲食常識。然而，從身心均衡的角度，我總認為，守住飲食均衡的原則也就夠了。

　　另外，還有一個考量，任何機能成分（包括從一般飲食

或機能食品所提供的）假如是為了某一種身體的狀況而採用，作用最多是短期的，倒不是能長期改善體質。我認為，體質的轉變或改善才是重點。這一點，其實更需要我們在心態和整體生活習慣都做一個徹底的變更。

有用的幾個重點:

✓ 現代人的飲食習慣,往往反映了身心的不均衡。

✓ 人體無法自己合成礦物質,我們才需要補充微量元素。從
我個人過去的經驗,補充微量元素對睡眠的調整是關鍵。

✓ 補充好的胺基酸和蛋白質,還要配合運動,才能轉變體
質。從消耗性的異化作用,轉為有利於生長運作的同化作
用。

✓ 油脂,無論飽和與不飽和都重要。特別對女性,飽和油在
情緒上可以提供一定的保護。

✓ 少用精製糖,透過生機飲食去補充碳水化合物與纖維素,
是好的飲食選擇。

✓ 即使補充天然調理素和機能性食品,也別忘了保持均衡。

【練習】

要吃飯，就專心吃飯

面對飲食，其實有一個理念比「飲食金字塔」還更重要。我在這裡，將這個理念當作我們的練習。

這個練習，也就是放慢進食的速度，採用這個練習的標題——要吃飯，就專心吃飯。這句話，其實含著幾個步驟。過去，我在《真原醫》透過各式各樣的機會，都把它們帶出來。

首先，是做一個感恩的功課。

感恩，本身就帶來祝福。祝福飲食，祝福自己和週邊人的健康。透過感恩，我們最多也只是讓自己在開飯前幾秒鐘，在心裡做一個最誠懇的頂禮。

我們可以在心中合掌，感謝大地滋養的飲食，感謝農夫和帶來飲食的人，感謝眼前這麼豐盛的食物，感謝廚師費心處理，感謝飲食提供的營養，感謝食物所帶來的活力和健康。感謝週邊的人，讓我剛剛好來到這裡現在，享用這裡的飲食。

感謝天，感謝地，感謝一切。

接下來，也就試著一口一口把飲食送進嘴裡。每一口，都是小小口。每一口，都慢慢地嚼，再嚼。直到口中的食物幾乎化成液體，再吞嚥下去。試試看，吃飯的步調可不可以慢到一個地步，而竟然讓我們感覺到是在享受飲食，而不只是快速地將食物吞下去。

如果習慣了，以前也許不到 5 分鐘就吃完一餐，現在可以花幾十分鐘慢條斯里享受飲食。也就那麼簡單，讓牙齒和唾液充分發揮幫助消化的功能。

將我們的心思集中在飲食——要吃飯，就好好吃飯，不要忙著做吃飯以外的事情。我們觀察自己和身邊的人，自然會發現幾乎每個人吃飯時還在聽音樂、看電視、滑手機、看螢幕，甚至還可能要回訊息、處理事或是捨不得不和別人互動。也就這樣子，注意力很少完全集中在眼前的飲食上。

真正需要的是，反過來，把吃飯的時間當作一個暫停的空檔（time-out），完全把時間交給自

己，而自己就在認真地吃飯。假如想要做點什麼，最多也只是重複感恩的功課，和飲食對話。

是這樣子，我們才可以體會到什麼是合一。首先，是和飲食合一，接下來發現整個生命都可以體會到合一。仔細想想，我們一天到晚都在忙，難道就連吃飯的時間，還捨不得留給自己？還要交給別人、別的東西或別的事？只要我們想想，就知道，吃飯時不需要那麼緊繃。沒有任何一件事有絕對的重要性，值得我們認真到一個地步，讓我們一天下來，連留給自己一兩個小時都捨不得。

假如你能將這幾句話，變得理所當然，或不知不覺變成生活自然的一部分，那麼，我也只能恭喜你。你的體質、生命價值和心，一切都在轉變。也只有這樣子，飲食才可能像古人講的，可以成為藥。好睡，也就是一個必然的結果。

【練習】
採用彩虹的飲食

假如我們隨時有感恩心，對樣樣都感恩，我們自然會發現飲食是活的——在某一個層面，可以跟我們達到一種共振，更不用說溝通或互動。我們也自然會發現，其實身體會告訴我們該吃什麼。我們好像天生就有這個本領，可以為身體挑選出既新鮮又是剛剛好需要的飲食。

這就是我過去所講的彩虹飲食的觀念。

我們看可不可以養成習慣，至少一星期一次，自己到超市或市場，尤其是當地農夫經營的市場，挑選自己想吃的東西。想吃的，也許是我們腦海裡本來就知道，或是到市場才有了靈感。一樣地，都是我們需要的。

這麼做，我們也會發現身體自然講究彩虹飲食的觀念。面對食物，我們本來就喜歡豐富的色彩，各種不同的口感。這種挑選的過程，自然也就是「清醒地吃」（conscious eating）的一部份。接下來，做菜、吃飯，也自然延伸感恩的練習。

　　我們挑選食物，已經是清醒而帶著感恩，一直到準備食物、用餐都可以做感恩的功課。感恩，也就從我們心裡浮出來，落到生活中。

　　一個人隨時活出感恩，心中樣樣的對立其實可以到一個最小的地步。這一來，也就發現一天下來過得都很順，倒沒有什麼大的阻礙。到了該睡的時間，也就自然睡了，而不會再把睡眠當作一個問題。

02
運動，和睡眠有什麼關係？

　　我過去常跟朋友分享，要面對睡眠，其實就是要面對我們的代謝。也就是說，代謝正常，睡眠的品質自然會好。

　　我提的代謝，一方面是刺激肌肉生長，幫助我們減緩退化的速度，而恢復年輕時代謝的狀況，也就是前面提過的同化作用。我們年輕時，比較容易累積肌肉。年紀大了，就儘量不要讓肌肉消失。

　　然而，代謝的另一方面，也包括淨化——隨時將代謝的產物排放出去，而讓身體得到清潔。這樣子，我們在細胞的層次隨時可以充電，而煥然一新。

　　要把身體各個角落的代謝產物排放出去，除了經過血液，還必須透過淋巴與細胞和細胞之間的交流。我過去時常提醒朋友，細胞裡的水再加上淋巴，液體量遠遠大於血液的量，甚至可能是 5 倍到 6 倍多。然而，我們沒有另外一個機

制來推動身體內的水。要讓身體能夠全面循環，甚至讓細胞也淨化、活化起來，非要靠運動來輔助不可。（不過，頭腦的淨化是完全相反，是靠不動的休息，尤其深睡，透過腦部的膠淋巴系統把廢物排出來。）

考慮到前面兩點，我過去才會不斷跟大家分享運動的重要性，而且主張分成有氧、健身、拉伸這 3 個主要的部分來進行。就我個人幾十年的體驗和觀察，這 3 個主要的部分，一個都不能少。而且，年紀愈大，更是需要。

時常也有朋友跟我分享，說他自己太忙，沒時間運動。我的回答也只是「正是你忙到沒有時間，反而更需要運動。」

這句話，表面聽起來是充滿了悖論。然而，這麼說，是考慮到我們在忙碌當中，除了運動，沒有機會讓代謝的產物可以歸零。運動，是最有效率的歸零的方法。也許哪一天會有人發現其他更有效率的方式，但是我目前還沒有看到。

為了這些忙碌朋友的需求，我合併有氧和健身兩者的優點，讓運動量集中在身體大的部位。肩膀、手臂和大腿，大概佔了我們肌肉量的 70%。集中在這些部位運動，可以達到效率的要求——同時健身，又達到有氧的效果。

有氧，最多也只是讓心臟循環加快。而健身，是讓我們肌肉對抗重力，而可以維持。要不然，人到了三十幾歲，男女都一樣，肌肉開始不斷消失，而被脂肪取代。

拉伸，則是讓僵化的關節放鬆。我過去在各式各樣場合帶出最徹底的拉伸，也就是採用螺旋的原理，透過反轉、反復的動作，將我們身體多年來累積的習氣做一個徹底的轉變。比如我們習慣往前縮，久了就駝背或固定在一個不正常的姿勢。我多年來發現，只有透過螺旋的運動，而且是反復的螺旋運動，我們才可以讓身體年輕化，而把過去的姿勢找回來。

這種拉伸的運動不需要激烈，我過去也帶出螺旋舞，不光是可以柔和地徹底拉伸，而且帶著美感，還能跟音樂配合。許多朋友做完都會上癮，認為可以達到徹底的放鬆。

無論是快速的運動或慢慢地動，我們都可以觀察到，透過前面講的反轉螺旋的原理，可以把落在關節每一層的結都打開。我在《結構調整》也將這方面相關的解剖和生理機制，做了一個說明。簡單講，只要我們仔細觀察，全部的宇宙和世界，包括我們所看到的組織（不光是有生命的組織）和任何架構，都含著螺旋的形狀。包括我們的身體，每一個

角落都是螺旋。

我們一般沒有想過，這是靠著一種「肌筋膜」組織，包住全身的肌肉，而筋膜本身是含著各種方向的螺旋。筋膜的走向和彈性，也影響到每一個骨骼和關節。我常開玩笑，筋膜組織本身就像一個生態圈，像是從頭到腳用一個大的細胞，將我們全身包起來。

要放鬆筋膜，不可能不採用反轉螺旋的方向。這一點，我在過去的作品，都已經做過詳細的說明，希望我們有機會都可以好好研究，而將這個觀念落實在生活。筋膜放鬆，不光影響睡眠，還可以影響一天的生活品質。我們許多身心的障礙，也自然可以打開。

此外，我們也都記得小時候跳繩，自然會讓心情放開來，有一個提升精神的作用。我們一天下來，動作多半都是橫向的移動，很少有縱向的動作。透過跳繩，或是各種跳躍的動作，不光可以當作有氧運動，還可以直接刺激脊椎，為包括腦的整個神經系統帶來一種類似按摩的效果。

當然，也有很多朋友喜歡在室內運用彈跳床、平衡球或其他輔助設備來做類似的運動。透過彈性的緩衝，可以減少對關節的衝擊。只要做，就會發現，這種不會受傷的跳躍動

作，反而能輕輕鬆鬆帶動全身振動的作用。

我們要記得，身體哪一個部位不舒服或氣脈不通，所影響的，不光是睡眠，還包括對我們的工作效率、對事情的看法、對人生的判斷都有影響，而且都是負面的影響。

回到睡眠，假如一天下來，我們沒有讓肌肉運動，沒有讓代謝加快再慢下來休息，自然也會發現很難好睡。總是有哪一個部位不對勁，或頭腦感覺堵塞，而沒辦法得到睡眠。

古人會說運動（尤其是螺旋的運動、螺旋的拉伸），最容易將氣脈打通。氣脈打通，一個人自然沒有念頭。睡眠，是靠完全失掉念頭，才可以睡著。有念頭，是睡不著的。這一點，我相信每個人都有親身的體會。

大多數人只是沒想過，念頭和氣脈打通有什麼關係。我透過「全部生命系列」不斷在強調，念頭本身是靠差異或磨擦而有的。我們心中有一個差異或分別，而透過語言或念頭把差異和分別反映出來。如果一個人是完全的放鬆，完全的舒暢，也就是說全部氣脈都打通，是不可能有念頭的。沒有念頭，我們也不知不覺進入睡眠的狀態。

運動和姿勢的調整，就是有那麼重要的角色。

有用的幾個重點：

✓ 運動，不光幫助身體回復年輕時的同化作用，刺激肌肉生長，減緩退化，更可以幫助身體清理廢物。

✓ 運動，是讓身心歸零最好的方法。愈是沒有時間的人，更是需要運動。年紀愈大，也愈需要運動帶來的好處。

✓ 運動，可以分成3大部份——有氧、健身和拉伸。這3個，其實都重要。

✓ 透過集中在胸部、手臂、大腿的有氧和健身活動，是加快心血管循環、維持甚至增加肌肉最有效率的方法。

✓ 透過徹底的螺旋拉伸，不光矯正我們過度內縮的姿勢，還幫助筋膜放鬆，讓氣脈全部打通。氣脈放鬆，念頭降下來，一個人也就容易進入睡眠。

✓ 跳繩和跳的運動，很容易就可以把心情打開，對全身帶來一種縱向的共振。

【練習】
行住坐臥，隨時可以反轉

能體會到運動的重要性，是這個練習的關鍵。

我要再一次提醒，運動可以分成 3 個部分：有氧、健身和拉伸。這 3 個部分，《真原醫》、《螺旋舞》、《結構調整》和許多演講、活動，都有影片示範，可以讓我們跟著一起進行。

只要養成習慣，這 3 方面的運動都很容易，而可以與日常生活結合。比如說，我們在快走的時候，自然可以讓手做一個往外反轉的姿勢。就像我在影片裡請吳長泰老師示範的，**在走路的時候，把手往外打開。**當然，這只是一個實例，還有其他部位的運動可以進行。我相信，你也需要花一點時間來熟練每一種運動。

重點是，運動時，我們可以用很放鬆的心情來面對，不需要把自己繃得很緊，弄得很緊張，或非用什麼器材不可。一個人只要放鬆心情，運動本來是很享受的事。不光不是負擔，甚至可以幫助我們打開身體的結，舒緩痠痛，釋放心理

的壓力。

當然，這種動作，也可以延伸到白天的日常作業裡。我也請吳長泰老師在影片裡示範──**坐的時候，手，不光可以反轉擺到大腿上，也可以擺到桌上。**仔細觀察這個動作，手心不光朝上，也是向外扭轉的。

甚至，就像我一開始所說的，連走路都可以這麼做。這種運動，本身也是一種靜坐，是動態的靜坐。

前面談到姿勢，談到反轉，即使用一整本書，都不可能完整表達它的重要性。我過去已經透過《結構調整》，特別帶出這一套科學。人體本來就有一個架構，隨時把我們撐住。然而，幾乎沒有一個人的骨架是標準的。我們仔細觀察自己，就可以看出不是往右歪，就是往左斜，也可能有駝背或彎腰。

結構的傾斜，有些是出生時在產道受到擠壓而留下的傷害。然而，最普遍的原因，還是隨著我們年紀大，隨時受到重力的作用，再加上身體緊張，將原本微小的彎曲擴大。

姿勢不正確，我們自然隨時有一個壓力累積在身體裡。雖然身體有自己療癒的機制，脊椎也會不斷地透過上下或左右的代償，讓我們還挺得住，撐過得去。但是，對身體

內臟的擠壓，是一點一滴在累積的。等到有一天撐不住了，症狀也就出來。

姿勢不正確，睡眠也不會好，讓我們沒辦法透過一個晚上的休息，取消累積在骨架上的壓力。要隨時幫助身體回到最舒暢的狀態，一樣地，又是靠反轉螺旋的姿勢，也就把最原始的健康狀態找回來了。

在這裡，由於篇幅有限，我先介紹幾個和睡眠相關的姿勢，並請身心靈轉化中心的吳長泰老師，透過視頻來示範。

躺在床上，我們可以很輕鬆地，從頭頂到腳，把自己當作一團果凍，往兩旁輕鬆地抖動。再進一步熟練了，還可以把手張開，用不同角度舉起來，再重複一次身體的抖動或擺動，效果會更徹底。

無論睡前或剛睡醒，都可以做這個運動。它不光會影響到我們的睡眠品質，還可以影響到我們一天下來身心的均衡。

不要小看這個簡單的運動，我們仔細觀察，人體本來是 3 維的立體架構，把自己攤平躺在床上，也就從 3 維的立體落到 2 維的平面。身體各個方向的力，都落在一個 2 維的平面上。我們雖然只是輕鬆地拉伸和擺動，全部的力量都可以

穩當地落在身體每一個脊椎和其他的關節。

雖然這個動作不是反轉的螺旋，還是可以帶來相當大的效果。我希望你先做，讓自己有點信心。接著，再去深入《結構調整》的各種示範。

我們其實很容易可以體會到什麼是反轉的螺旋。我常跟朋友分享，每一個人，只要年紀大了，多少都有五十肩的症狀。現代人過度依賴手來運作，而且絕大多數都是精細的小動作，像是隨時在用電腦、手機和其他工具。長期下來，關節難免會疲勞，甚至僵硬。

一般有駝背的朋友，除了頸部，也就是從肩關節開始退化。這一點，我們可以利用睡眠的機會來修正。

就像視頻裡最後示範的，**長期駝背的朋友，躺下來的時候，可以在兩個手肘下方墊一個小枕頭，讓雙手手心朝上，手臂也就自然向外扭轉**。剛開始，可能不習慣這麼睡，甚至可能覺得不舒服。但是，只要做下去，相信你自然會發現，就這麼簡單的姿勢，效果可能比你所想的遠遠更大。不光影響到夜裡的夢或睡眠的品質，也會讓我們早上起來感覺肩膀是放鬆的。

這麼簡單的回轉的動作，就好像我們對生命帶來一個回

頭走的整頓。我們自然活化過去的記憶，讓身體得到療癒，在結構上減緩退化的速度。

當然，這類動作可以有許多變化，我在這裡不可能一一列舉和示範，還是希望你自己能深入研究。這些運動和姿勢對睡眠是關鍵，也是讓我們身心合一最好的方法。

要記得，身心不合一，睡眠不好最多也只是結果。反過來，身心合一，不用擔心睡眠，睡眠自然會好。就是睡不著，也不用煩惱。

03
睡不著，該吃藥嗎？

　　讀到這裡，你也可能發現，其實，我們有很多選項來幫助我們得到睡眠。古人帶出來許多相當好的方法。然而，現代的藥物，也可以是一個選擇。

　　很多朋友會問我類似的問題──該不該用西藥來解決身體的狀況，包括失眠？身為醫師，我希望能用一個中立而務實的角度來看這種主題。從我的觀點，樣樣都好，樣樣都可以解決問題。有時候，該用藥，就用。但是，最好只是短期使用。針對這一點，我接下來會再做說明。

　　其實，安眠藥，也不完全是現代人的專利。古人睡不著，一樣會使用一些能助眠的方劑，例如前面提過的鴉片，或者酒精，甚至一起使用。當然，這種作法風險很高，劑量也不容易掌握。不是毒性太大，就是效果不好，有很明顯的副作用。

　　1864 年，德國化學家拜爾（Adolf von Baeyer），合成第一個巴比妥酸（barbituric acid）。一直到 1903 年，另外兩位德國科學家發現巴比妥（barbital）這種衍生物可以讓狗入睡，才有了後來的巴比妥鹽類安眠藥（barbiturates）。

　　巴比妥鹽的發明，可以說是當年很大的突破，解決了相當多人的問題。不過，巴比妥鹽在使用的時候要格外小心。它發揮效果的劑量，和讓人死亡的劑量是很接近的。因安眠藥過量而意外死亡的案例，在這個年代特別常見。

　　許多長期失眠的朋友，都同時有憂鬱的問題，然而巴比妥鹽會讓有憂鬱症的人產生嚴重的副作用。它影響做夢的週期，而可能惡化憂鬱，甚至帶來自殺的念頭。此外，巴比妥鹽也會產生依賴性。

　　科技的發展，自然會想要在物質層面不斷改進，留住幫助睡眠的效果，消除不想要的副作用。1950 年代後，新的安眠藥陸陸續續被研發出來，短短幾十年，已有多個苯二氮平藥物（benzodiazepine, BZD）被研發出來。這種藥，和巴比妥鹽相比，比較沒有致命的危險，但還是有成癮性。接著，近十幾年來又有更新一代的安眠藥（non-BZD）研發出來。此外，一些其它輔助睡眠的藥物，例如抗組織胺和一些

治療憂鬱症的藥物，也會拿來治療某些類型的患者。

　　我這幾十年自然注意到一波波的新安眠藥出來，都不斷在改進，副作用也在減少。當然，對安眠藥的使用，一直有相當多的辯論。甚至有研究指出，安眠藥延長睡眠的效果，可能不像我們想像的那麼長。而且，藥物只要長期使用，都會有副作用。我們查文獻，都可以看到許多案例。不過，每個人體質不同，對藥物的適應程度和副作用的反應其實都是不一樣的，倒不需要一味去排斥。

　　雖然藥物一定有副作用，但我站在醫療的角度，認為最重要的還是——究竟這種作法是不是真的對自己有幫助？無論是西藥或其他方法，都有各自的優勢和短處。我會建議失眠的朋友要保持開放的態度，充分考慮利弊得失再做決定。用藥，只要好處大於壞處，也可以是一種選擇。

　　如果有天然的方法可以解決失眠的問題，當然也可以考慮採用。舉例來說，呼吸的練習，睡前的靜坐，都是我們已經知道可以幫助一個人入睡的方法。此外，我們也可以透過市面上用來助眠的天然物質來著手。例如有一些成分能夠代謝成 γ - 胺基丁酸（γ -Aminobutyric acid, GABA）這種讓頭腦的興奮程度降下來的物質，幫助我們放鬆，讓頭腦安定；

或是直接補充腦部在深睡時會分泌的褪黑激素，去啟動一個人的睡眠。也或者是採用能夠鎮定、抗焦慮、安定心神的天然本草，例如歐洲人在花茶裡常用的纈草、洋甘菊，或中藥常用的酸棗仁。

然而，只要是物質層面的攝取，重點還是在於均衡。什麼的均衡？其實是要親身體會這個方法，是不是能夠幫助身心回復平衡。別忘了，只要是物質的使用，都一樣是過猶不及，太多或太少都無法幫助身體恢復平衡。

我的看法是，無論草藥或西藥，都一樣只是短暫的作用，並不適合長期採用。不光是草藥，甚至連鴉片和酒精，最多只是幫我們爭取在很短的時間進入睡眠。用得多了，副作用都會浮出來。坦白講，一樣沒辦法帶來長期的解答。畢竟，長遠來看，我們還是要靠自己帶來體質或身心徹底的轉變，才可以從根源解決問題。

我會等到這個時候，才把西藥的主題帶出來，可能比你期待的晚得多。這一安排，其實反映了我個人的觀察——失眠本身並不是一個疾病，最多只是反映我們身心的不均衡。這一點，你已經發現是我不斷在這本書重複的主題。

這是我幾十年來，從自己的觀察，切切實實所得出的結

論。我才會認為任何短期的解決方案，包括西藥，都可以採
用。但是，要記得，這些方法最多是幫我們「買」時間。我
們還是要在各層面做一個深刻的反省，來面對身心不均衡的
狀態。

就我個人的角度來看，中醫和西醫，無論是面對疾病和
任何身心狀況，都沒有衝突。這兩種醫學，本來都是想幫助
人解決問題，本來就可以合一。中醫和西醫根本沒有矛盾。
矛盾，最多還是我們的誤解，也只是頭腦化出來的。

再回到一開頭所提到的「該不該用藥？」，我一直認
為，如果失眠的問題已經影響到白天的睡眠和工作，當然可
以用，只是要儘量短期使用。而且，華人的體質和西方人不
同，只要這些藥物影響的是人體基本的運作，都必須考慮到
遺傳體質的差異。別忘了，這些藥物都是在西方研發出來
的，而參與臨床試驗的受試者都是以西方人為主。華人在使
用時，在劑量和副作用方面，要特別謹慎。然而，只要有
效，任何方法都是好方法。特別是西醫的方法是數不完的，
現代社會才會這麼的發達，我們沒有道理特別去排斥。

人類是多層面的組合，我們除了身體、還有情緒、心理
的層面。每一個人適合用什麼藥、採用哪一種治療方式，其

實都不同。站在這個層面，一個人要自己多嘗試，多研究，才可以得到最好的結果。

有用的幾個重點：

✓ 關於該不該使用藥物，最重要的還是——對自己究竟有沒有幫助？

✓ 無論是面對藥物或睡眠，重點都是理解身心的失衡，而願意恢復均衡。

✓ 每個人體質不同，對藥物或任何措施的反應與副作用都不一樣，應該很務實地去理解自己的反應，再選擇最適合自己、最少副作用的方法。

04
還有什麼方法可以更好睡？

前面談到姿勢的重要性，相信你也老早就發現，每個人睡覺都有一個偏愛的姿勢。對一般人，仰睡可能會比較放鬆，有些人，則可能是左側睡或右側睡比較自在。一樣地，這一點，也值得我們自己好好實驗。

當然，從生理科學的角度，也已經有科學家指出來，比起仰睡或俯睡，側睡更能幫助腦部清理白天留下來的代謝廢物（例如第二篇第六章提過的 β- 澱粉樣蛋白）。另外，從心血管系統的角度來看，你可能沒有注意過，主動脈在離開心臟之後，是透過一個大左轉進入身體的。從這一點來看，左側睡或許

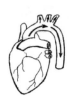

站立時

左側睡

右側睡

更好些，畢竟這麼躺，血液從心臟打入主動脈的走向和重力的作用是一致的。

從消化系統來看，左側睡或許也比較能夠避免胃食道逆流。畢竟，就像這張圖所畫的，這個方向要讓胃裡的東西回流到食道去，難度是比較高。

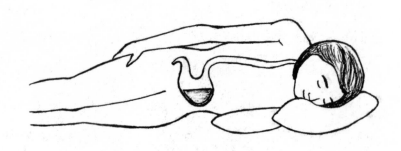

然而，從氣脈和能量的角度來看，右側睡對身體也有好處。前面介紹鼻孔交替呼吸法的時候也提過，右側睡，右鼻孔容易塞住，而讓我們主要透過左鼻孔呼吸。這時，從氣脈的角度來說，是有助於活化左脈（*ida,* 月脈的能量）而引發身體放鬆和鎮靜的效果。反過來，左側睡，右鼻孔比較透氣，偏重右脈（*pingala,* 日脈）的運作，讓人清醒而有好精神，反而影響到睡眠。在體內流動的右脈和左脈能量，有時

候也被人拿來類比成交感神經系統和副交感神經系統的作
用。一個讓人緊繃，而另一個讓人放鬆。這種說法，也值得
參考。

　　我們大概都
沒想過，光是講
究左側睡或右側
睡，竟然會影響
到心血管、消化
和氣脈或神經系
統的作用。雖然我們不能做出哪一側睡覺一定比較好的結
論，然而，好消息是，無論往哪一側睡，都有它的好處。

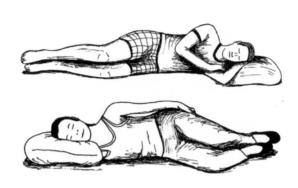

　　我通常不會推薦具體的睡眠姿勢，畢竟，比較重要的
是，一個人用自己習慣的姿勢來放鬆地睡覺，倒不需要勉強
更改成某一種姿勢。太過刻意，造成心理的負擔，反而不利
於睡眠。其實，大多數人在睡眠中也自然會變更姿勢，也是
在配合生理的需要。

　　不過，現代人的脊椎多少都有異常，對於脊椎尤其頸椎
受傷的朋友，就要特別注意睡覺時有沒有足夠的支撐，讓脊
椎最輕鬆而不會局部受力。這一點，當然不能忽略枕頭的作

用。只要留意，你就會發現市面上有各式各樣的枕頭，每個
都有各自的訴求。

　　有些人喜歡高的枕頭，甚至需要用到兩個枕頭才覺得足
夠支撐頸部的彎度。有些人喜歡硬質、方形或中間有溝槽的
枕頭。無論什麼枕頭，主要是配合我們的頭形，符合頸部自
然的彎度，提供足夠的支撐，讓頸部充分得到休息。只要適
合，就應該採用。睡覺的時候，不光是頭要得到支撐，尤其
頸椎和頭部與肩膀相接的地方更是需要支持。

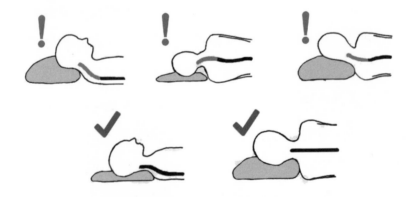

　　我們白天都習慣往前窩著，頸部已經過度承受頭部的重
量而不自然的往前傾。多年來，我會建議大家要不在頸下墊
一個小枕頭作為頸椎的支撐，要不就選擇中間有溝槽的枕頭
來安置頭部，而在靠近肩膀處突起來支撐脖子。此外，有些

枕頭的材質有流動性（例如古人用米粒、綠豆，或近代的微粒材質）也就能夠隨著頭部落在上面的壓力改變形狀，而自然填滿頸部下方的空間。

講到用枕頭來支撐頸椎，也可能有些朋友會發現，睡覺時在膝蓋後擺一個小枕頭或厚毛巾，也一樣可以幫助穩定骨盆和腰椎自然的彎度，而讓腰部得到支持，在睡眠時能夠放鬆。

其實，並沒有一種每個人都適用的萬用枕頭。最多是我們懂了這個原理，多嘗試幾種枕頭，自然會發現差異。過去，也許睡了一整晚，醒來還是覺得不舒服，甚至夜裡還做惡夢。現在，可能突然發現可以睡得比較沉，比較香。

床墊，也是一樣。我們也許已經發現，年紀愈大，可能更喜歡偏硬的床墊，就好像需要床墊來幫忙撐住脊椎。有些人特別要考慮腰椎的負荷，而其實適合睡在偏硬的床。這一點，要每一個人親自去研究，去體會自己的姿勢和脊椎的狀況，在床墊和枕頭上睡過一夜之後是舒服或不舒服。

畢竟，什麼叫做偏硬或偏軟，完全是個人的偏好。一樣地，也沒有什麼標準。最主要是符合你過去的習慣以及現在身體的狀況。這一點還是要親自去嘗試，倒不是由誰去指定

哪一種比較好

　　比較重要的，反而是前面已經講過的，將臥室完全當作睡覺的空間，不要把床兼作其他的用途。簡單講，床就是為了睡覺，沒有其他目的。這樣子，我們只要碰到床，自然聯想到睡眠。

　　睡覺時，讓臥室保持完全黑暗，記得關掉電子產品。此外，一般情況下，室溫愈低，可能讓你睡得更熟。然而，一樣地，每個人適應的範圍不同，並沒有統一的標準。這些建議，如果你還記得，都是我在介紹日週期和睡眠時提過的。

　　為了建立一個放鬆的環境，我過去也會建議使用精油。用法可以是將香氣透過擴香儀或擴香球擴散到房間裡，或在鼻尖輕輕抹一下，就是這麼簡單。

　　精油，是透過嗅覺，讓腦部的嗅球得到刺激。我過去也分享過，嗅覺是五官中最直接、最快通往腦部的感官。最多是透過嗅覺神經的轉達，一步就連到腦部嗅球。訊息從鼻子，只經過一個神經，就可以直接抵達腦部。

　　不只如此，嗅覺還會帶出一些過去的記憶。也許是小時候的回憶，也有些是無法解釋的畫面，而讓某些人會稱為前世。透過精油的香氣，這些記憶通常都會令人愉快。也許是

讓人想起小時候母親煮的飯菜，或花園裡泥土和草葉的芬芳，自然讓我們放鬆，而想停留在這個狀態。

針對這一點，你也可以自己實驗看看。不光是選用適合的精油，而是把這件事當作一個特殊的儀式，只在臥室，只在睡眠時使用，不要在別的地方也用。這樣子，一聞到精油的味道，一看到床，也就自然聯想到睡眠。

最後，要記得，無論採用精油或其他放鬆的方法，都配合感恩的練習。

比如說，我們聞到精油的香味，看心中可不可以浮出這兩個字──謝謝！或是我透過「全部生命系列」不斷採用的 I-Am「我－在」「我－是」。聞著精油的芳香，將這些話當作咒語，在頭腦裡不斷地重複。

你可能還記得，"I Am." 這句話在《聖經》裡出現過。這句話，是站在上帝的地位在看這世界。我們不斷在心裡默唸 I-Am，配合呼吸的韻律，在吸氣時默唸 I，吐氣時默唸 Am。也可以默唸「我－在」，一樣也是配合呼吸。我們做這個練習，也就是在提醒自己其實從來沒有跟神分手過。站在神的身分，看這個世界，一切都是完美，都是圓滿，都是安靜。

面對睡眠，有念頭，有煩惱，聞到精油的香氣時，只要可以想到 I-Am，或做感恩的練習，也就會發現它是消解煩惱最好的方法。假如我們將 I-Am 或「我－在」兩個字和呼吸結合，自然能夠守住五官的作用。

透過精油的練習，我們不光是回想起過去好的經驗與回憶，更重要的是，想起自己真正是誰。真正的自己，遠比我們想像的更大，更完美，倒不受到這個身體所帶來的局限或制約。

既然是那麼好用的練習，你也許會想問，為什麼我直到這裡才將這個練習帶出來？

坦白講，《好睡》這本書一路談下來，無論是理論和練習，都在準備你可以接受這幾句話。假如我們「落在心」的基礎不夠穩，而心中隨時有顧慮和煩惱，包括還在煩惱睡眠，那麼，I-Am 這兩個字也不會有什麼作用，最多是另一個念頭。

踏踏實實地透過運動、呼吸、飲食、觀想，一步步走到現在，你會發現 I-Am 這句話自然會活起來，與我們合一。你能體會到是 I-Am 帶著我們睡覺，帶我們活出生命，帶我們走出任何人間的困難。

這些觀念，我認為比睡眠睡得好遠遠的更重要。

有用的幾個重點：

✓ 睡眠的環境，也是幫助我們入睡的一個環節。

✓ 左側睡和右側睡，從心血管、消化、自律神經的角度，都
各有優點。最重要的，還是我們自己去體驗適不適應。

✓ 讓枕頭和床墊為我們的身體帶來好的支撐，自然減少對睡
眠的干擾。

✓ 透過氣味和環境的安排，我們可以為自己建立一個能夠放
鬆，而有利於睡眠的環境。

✓ 隨時感恩，隨時做 I-Am 的練習，一個人自然進入生命更深
的層面，放鬆頭腦的負擔，也就自然走出睡眠或失眠的困
擾。

05
讓睡眠帶著我們，走到意識轉變的門口

　　你讀到這裡可能發現，我對於睡眠這個主題，除了修正失眠的影響之外，更重要的是把它當作一個意識轉變的工具。

　　你可能會想問，什麼叫做意識轉變？

　　我們的意識，本來就有不同的狀態。可以依照白天清醒、夜裡做夢來區分，另外，還有一個無夢深睡的狀態。當然，從我們一般人的角度來看，夜裡睡覺（無論有沒有夢）最多是停留在一種不存在的狀態，而會認為只有白天清醒的時候，我們才有一個真實好談。然而，我透過「全部生命系列」想表達的是，其實這 3 種狀態都是幻覺，包括白天清醒的狀態也是虛幻的。講得更透徹，其實夜裡和白天都是夢，我們從來沒有真正醒過來過，只是在白天以為自己是清醒的。

　　這裡講「幻覺」，最多也只是表達，這些狀態都還是頭腦透過五官所投射出來的印象。我們認為相當堅實的一切，其實最多只是資訊，是透過我們的五官，才得到一個實體或堅固的印象。這些印象，本身倒沒有一個自由存在的機制，而是要透過五官，才可以被反映出來，投射出來。

　　我們仔細觀察任何東西，或者一一解析下去，到最後，會發現都是空的，沒有東西可談。雖然這是物理學老早就有的觀念，但是，我們透過每一天日常的經驗，沒有辦法與這個觀念做整合。舉例來說，前一段話，其實我們也看得懂。但是，接下來，馬上就把樣樣眼前的東西變成唯一的真實。

　　過去，每一個文化和宗教，對睡眠都特別感興趣。從古人到現在，人類自然能體會到，睡眠帶來的意識，和白天的意識確實不同。比如說，古希臘人也會把睡眠比喻成死亡，這兩種狀態，人都是平躺著而失去意識。而希臘神話也把睡眠之神（Hypnos）和死神（Thanatos）當作雙胞胎兄弟。

　　不過，東方的宗教，老早已經跨過這種矛盾，倒不像後來的希臘人在物質表淺的層面做文章。比如說早期古印度人口耳相傳集結下來的《秘傳奧義書》（*Upanishads*）——這種

最古老的梵文經典，至少是西元前六百年就有，也有人認為
有近萬年的歷史。《秘傳奧義書》描述了 4 種基本的意識狀
態：除了我在前面提到的醒著、做夢、深睡，還有第 4 個意
識狀態，是一種最原初的意識狀態，過去稱為 *turiya*。一個
人通常要超越前 3 種意識狀態，才能進入這第 4 種意識。也
就這樣子，從古印度人的角度，認為只有第 4 種意識才可以
代表真實。其他 3 種，都是幻覺。

佛教早在 2600 年前，釋迦牟尼佛也老早就把這些觀念
貫通。他把我們可以體驗到的人生，無論是醒或睡，都當作
一場夢（*maya*）來看。每個人也早晚都會從這場夢醒過
來，而得到解脫，進入涅槃。

從這個角度來看，否定一切（*netti netti*）本身就是解脫
最寶貴的工具。對釋迦牟尼佛而言，不會認為去詳細分析睡
覺或清醒的個別狀態有什麼意義，一切都一樣是頭腦的產
物，不值得在物質的層面去做種種說明。

他還進一步分享——這個解脫的狀態是隨時都有的。無
論白天清醒、夜裡睡覺、做夢或不做夢，祂隨時存在。一個
人醒過來，最多也只是突然知道，人間的所有狀態，和自己
的本性一點都不相關。這個本性老早在照明每一個瞬間，只

是我們過去不知道。

是到後來，一部分佛教徒才用睡眠來比喻死亡，把夢當作中陰，甚至把從睡眠中醒來，比喻成再次投胎轉世。也就這樣，給了睡眠不同的地位。後來的人也體會到，深睡比做夢更有價值。人在深睡中，可能體會到「明光心」（clear light mind）或說「本心」。這個狀態，其實跟前面講的 *turiya* 是一樣的。是一種不受自己過去的念頭、觀點或想法所影響的意識階段。所有的念頭和想法，在白天，就像雲遮蔽我們的覺，在夜晚，也像雲一樣變幻我們的夢。然而，夢只是短暫的存在，一到早上也就消失，和物質世界其實是一樣地無常。

對回教的蘇非而言，我們無論是睡著還是醒著，都在做夢。任何一切，只要在當下之外，都是夢，最多是過去記憶的念頭，或對未來的想望。蘇非也一樣地重視深睡，把這種狀態稱為 *Lahut*，也就是一種從夢中醒來的意識狀態，回到自己的本質，帶來一種穩定的歡喜，消失所有的痛苦、問題和困惑。

講到蘇非，它是回教的一種神秘或隱修教派（mystics）。每個宗教，包括天主教、基督教、佛教，其實

都有類似的隱修教派。人數可能相當少，但每個宗教都有。我在《神聖的你》談過 mystics，也做了詳細的說明。Mystics 雖然是從某一個主流宗教分枝出來，但是透過個人的領悟，反而貫通了一些理念。這一點，不是透過閱讀或鑽研經典就可以得到的。

雖然 mystics 的起步，可能是宗教留下來的文字。然而，最後個人的領悟，則是完全不靠文字。甚至，是文字表達不出來的。用我們現在的語言，可以說，這些少數的人是有開悟或頓悟（Self-Realization）。

然而，是領悟到什麼？最多，是領悟到──沒有東西可以領悟。最不可思議的領悟，是自己就是祂。就是這個沒辦法領悟到的層面。這本身，就是意識，就是空，就是真實。

畢竟，一切可以表達或想出來的，都是頭腦的產物。我們不可能用語言來表達這個領悟，最多是一再地否定人間可以看到的一切「真實」（包括睡眠、清醒這些狀態）。到最後，沒有辦法表達的，才可以稱為真實。

幾千年來，每一個宗教都會出現這些少數人。他們自然可以體會到一個最原初的領悟，或是重新領會到當初創教的人的領悟，就像是得到了沒有語言文字的傳承。再進一步，

透過他們個人的分享，將人間主要的幾個宗教復興起來。以華人文化來說，可以說老子、六祖都是這些少數人，後來也就開創道家和禪宗。

我透過「全部生命系列」，包括《好睡》和接下來的《清醒地睡》，最多也只是在探討生命最大的問題——我們這一生來，是為了做什麼？我們到底是誰？

從我的角度，沒有第二個題目比這個更重要。反過來，假如這一生有一個意義好談的，這可能是唯一的意義。也就是讓我們突然找回自己真正的身分，而從這場夢（無論是醒著的夢，還是睡著的夢）醒過來。

我才會一開始就說，睡眠對我是一個意識轉變的工具。確實，無夢的深睡是最寶貴的工具之一。只有透過這個狀態，我們可以說——是活著，但又沒有念頭。無夢的深睡，本身含著一個很珍貴的解脫的鑰匙。這一點，我會在接下來第二本書《清醒地睡》做詳細的說明。

回到我們眼前睡眠的主題，我希望你還是可以接受一些不同的觀點，能夠徹底做這裡帶出來的練習。不光是讓睡眠轉變，還可以讓身心合一，打下基礎，來體會我接下來想帶出來的意識層面的觀念。

假如可以讓你輕鬆地把睡眠轉變，而同時可以在心理層面建立一個穩定的基礎，我認為我們寫《好睡》和《清醒地睡》的用意，也就得到了實現。

p.40 圖經美國國家睡眠基金會（the National Sleep Foundation）許可使用。

p.156 圖 A 為 Jeffery Beall 作品，依創用 CC 3.0 規範使用。

p.177 依創用 CC 4.0 規範，重製自 Hickie I *et al.* (2013) Manipulating the sleep-wake cycle and circadian rhythms to improve clinical management of major depression. *BMC Medicine*11: 79.

p.179 依創用 CC 3.0 規範，重製自 YassineMrabet 的作品。

p.205 圖為美國國家衛生院癌症研究中心製作。

p.331 圖為 Yinweichen 製作，依創用 CC 3.0 規範使用。

馬奕安插畫列表（p.17、106、161、182、185、208、209、234、245、262、274、276、303、315、316、333、344、365、366、367、368）

施智騰插畫列表（p.56、60、227、299）

楊定一博士

文字作品

真原醫
（平裝 316 頁／
附螺旋拉伸 DVD）

靜坐
（平裝 291 頁／
附靜坐導引 CD）

全部的你
（平裝 381 頁）

神聖的你
（平裝 397 頁）

不合理的快樂
（平裝 375 頁）

我是誰
（平裝 187 頁）

集體的失憶
（平裝 158 頁）

落在地球
（平裝 179 頁）

定
（軟精裝 228 頁）

十字路口
（套裝三本，共 589 頁，
附音頻卡片）

**插對頭……
還是接對頭？**
（軟精裝 199 頁）

時間的陷阱
（平裝 305 頁）

短路
（平裝 243 頁）

即將出版《頭腦的東西》、《無事生非》、《清醒地睡》

影音作品

螺旋舞
（DVD ＋書 123 頁）

結構調整
（3 DVD ＋書 215 頁）

蛻變・重生
（一日共修實錄）
（4 DVD ＋小冊）

這裡・現在
（一日共修實錄）
（4 DVD ＋小冊）

音聲作品

等著你
（導聆手冊＋ 4 CD）

重生・蛻變於呼吸間
（導聆手冊＋ 2 CD）

你・在嗎？
（導聆手冊＋ 2 CD）

光之瑜伽
（導聆手冊＋ 4 CD）

真實瑜伽
（導聆手冊＋ 2 CD）

呼吸瑜伽
（導聆手冊＋ 2 CD）

四大的瑜伽
（導聆手冊＋ 3 CD）

全方位的生活習慣改變
讓我們好好地活, 好好地睡

現代人生活步調快, 隨時隨地要找回身心均衡。
需要將《真原醫》和《好睡》全人健康理念落實在生活的朋友,
可以從各個角落透過心態的轉變、飲食、運動、呼吸練習,
進一步全面改變生活習慣, 真正好睡。

心態徹底轉變
楊定一博士「全部生命系列」讀書會

彩虹的飲食
身心靈轉化中心「真原廚房」

運 動

 更新、更多的結構調整動作
都在21天風潮線上課程平台

身心靈轉化中心定期運動課程
(02)27122211#7661或7665

呼吸練習

康健出版
《靜坐》、《呼吸的自癒力》

風潮音樂
《重生》、《呼吸瑜伽》

長庚生技
內呼吸練習器

好好睡, 也好好呼吸

長庚生技「好睡貼」

一個小小的設計, 睡覺時也能好好呼吸

親膚彈性棉織布, 特選減敏膠質
一次一張, 安全簡單, 醒來不再口乾舌燥

天天用(30片/盒)
體驗包(3片/包)

國家圖書館出版品預行編目（CIP）資料

好睡：新的睡眠科學與醫學／楊定一作 . -- 第一版 .
-- 臺北市：天下生活 , 2019.01
　　面；　公分 . -- （楊定一書房 . 全部生命系列；16）
ISBN 978-986-96705-5-5（平裝）

1. 睡眠 2. 健康法

411.77　　　　　　　　　　　　　　　107023158

楊定一書房　全部生命系列 0016

好睡：新的睡眠科學與醫學
Sleep Well: A New Science and Medicine of Sleep

作　　者／楊定一
編　　者／陳夢怡
文獻協力／馬奕安博士（Jan Martel）
插　　畫／馬奕安（Jan Martel）、施智騰（Simon）
封面設計／盧峖暎
責任編輯／陳美宮

發 行 人／殷允芃
總 經 理／梁曉華
總 編 輯／林芝安
出 版 者／天下生活出版股份有限公司
地　　址／台北市 104 南京東路二段 139 號 11 樓
讀者服務／（02）2662-0332　　　傳真／（02）2662-6048
劃撥帳號／ 19239621 天下生活出版股份有限公司
法律顧問／台英國際商務法律事務所・羅明通律師
總 經 銷／大和圖書有限公司　　　電話／（02）8990-2588
出版日期／ 2019 年 1 月第一版第一次印行
定　　價／ 460 元

ISBN：978-986-96705-5-5（平裝）
書號：BHHY0016P